名师名校名校长

凝聚名师共识
回应名师关怀
打造名师品牌
培育名师群体

基于综合美育引导下的马踏湖美学研究

崔佃金 / 主编

中国出版集团　现代出版社

图书在版编目（CIP）数据

基于综合美育引导下的马踏湖美学研究 / 崔佃金主编 . — 北京：现代出版社，2022.3

ISBN 978-7-5143-9862-5

Ⅰ . ①基… Ⅱ . ①崔… Ⅲ . ①美育—教学研究—高中

Ⅳ . ①G633.950.2

中国版本图书馆CIP数据核字（2022）第047269号

基于综合美育引导下的马踏湖美学研究

作　　者	崔佃金	
责任编辑	袁　涛	
出版发行	现代出版社	
地　　址	北京市安定门外安华里504号	
邮政编码	100011	
电　　话	010-64267325　64245264	
网　　址	www.1980xd.com	
印　　制	北京政采印刷服务有限公司	
开　　本	710mm×1000mm　1/16	
印　　张	9.25	
字　　数	148千	
版　　次	2022年3月第1版　　2022年3月第1次印刷	
书　　号	ISBN 978-7-5143-9862-5	
定　　价	68.00元	

目 录

第六章 马踏湖诗文

第一章

马踏湖美育总论

马踏湖位于山东省桓台县东北部，是一个泊沼相连、港汊纵横的天然湖泊。这里，村村依湖，户户连水，家家有船，堪称"北国江南、鱼米之乡"。马踏湖是美的，这种美既包含社会美、自然美、艺术美，也包含形式美与科技美。让学生感受马踏湖的美，开展美育活动是十分可行与必要的。

马踏湖美景（摄影：陈鹏）

一、马踏湖的自然美

大自然给人类提供了无限宽广的审美领域。自然美就是大自然中自然事物的美，包括日月星辰、山水花鸟、草木虫鱼、田野园林等。自然美是现实美的一种。自然美作为经验的现象，是人们经常能够欣赏和感受到的。人们之所

1

以欣赏自然事物，就是因为它们的某些自然特性与人的某些方面类似。马踏湖的芦苇不论生存条件，到处蔓延生长，具有顽强的生命力，具有不屈不挠的顽强精神。夏天的马踏湖，满塘碧绿的荷叶，有的像碧玉盘，水珠在上面滚来滚去；有的像撑开的大伞，呵护着水下的莲藕；有的像亭亭玉立少女的舞裙，魅力无限。在碧绿的荷叶缝中，小荷才露尖尖角，含苞待放，娇羞欲语。怒放的荷花更是极美的：粉荷垂露，盈盈欲滴；白荷带雨，皎洁无瑕。夏秋季节，一眼望不到边的苇塘在微风吹拂之下，哗哗作响，令人遐想无限。马踏湖中的鱼、鹰、鸟、兽数不胜数，看着湖区渔民撒网捕鱼，收获欢喜。欣赏小船上的鱼鹰，一个猛子扎到水里，又兴奋地浮出水面，高举刚刚擒获的大鱼。

马踏湖的自然美数不胜数，唯有亲自感受，才会美在其中！

马踏湖的渔民及鱼鹰（摄影：魏建国）

二、马踏湖的社会美

社会美又叫生活美，是指存在于社会领域中的社会事物的美和人的美。社会美是美的本质的直接展现，包括人物美、生活美、民俗美、节庆美、休闲美等。

人的风姿和神情是人物美的重要方面。一个人（或群体人）的言谈举止、声音笑貌显出其内在的灵魂美、精神美时，就形成了风姿风神之美。马踏湖区的人们性格开朗，爱讲笑话（甚至开玩笑、起外号），方言独特，讲究礼仪，形成了独特的人物符号，方圆百里只要一听、一看、一交往，就知道是马踏湖区人。

特定历史情境中人的美是一种独特美。马踏湖的三贤、五贤，马踏湖驻地桓台县（古称新城县）的以王渔洋为代表的王家贤士、官员都展现出了清廉、贤达等历史人物的印记，通过本书的介绍，会深切感受到这种人物美。

人的日常生活是社会生活最普遍、最大量、最基础的部分，用审美的眼光去观察人的衣食住行，就会展现出一个充满情趣的意象世界。日常生活的美，在很多时候表现为一种生活的氛围给人的美感，这种生活氛围是精神的氛围、文化的氛围、审美的氛围。这种氛围，有的如玫瑰园中的芳香，看不见、摸不着，但是人人都可感受到，往往沁入你心灵的最深处。马踏湖有很多名诗，都是描绘这种生活氛围美感的。

民俗风情是最重要的审美领域，因为这里包含着丰富的人生、历史的图景、生活的酸甜苦辣、人生的喜怒哀乐。马踏湖就是体验湖区民俗风情的景区，景区还建有民俗展览馆，开发了民俗体验项目，精制了民俗纪念品，可以多方面体验民俗风情美。

民俗风情中最值得注意的是节庆狂欢活动，节庆狂欢活动是人们对日常生活的超越，以有别于日常生活的方式去和这个世界共同体验一种和谐并浑然沉醉其中。在这种状态下，不仅人与人融为一体，而且人与自然也融为一体。节庆活动显示了生活的本来面目，或者说回到了生活本身，回到了本真的生活世界。普通老百姓也超脱了日常生活的种种束缚，超脱了功利主义和实用主义，人与人不分彼此，互相平等，不拘形迹，自由来往，从而显示了人自身存在的自由形式。人回归到了自身，并在人群之中感觉到自己，人与世界是一体的。节庆活动是最具有审美意义的生活，马踏湖区的节日既有固定项目，也有大众项目。放河灯是马踏湖区比较独特的，其他的玩狮舞龙、挂花灯、踩高跷都较其他地区更热闹。制作与燃放烟花爆竹也是马踏湖区（多年以前）的传统制作和传统节日狂欢活动。从腊月三十开始，直到大年初一，家家燃放数量众多的烟花爆竹，整个夜间鞭炮声连绵不断。大年初一早上，人们踏着飘落在地的五颜六色的爆竹皮相互拜年，谁家的爆竹皮厚，就显得年味更足。为了追求爆竹的响度，火药的烈度不断提升，起凤镇的小作坊经常发生爆炸，导致人员伤亡和火灾等安全事故。2000年前就开始严格禁止小作坊和村民私下制作烟花爆竹，防止安全事故的发生，对烟花爆竹实行特许制作、专业运输、专门经营等方式。后来，因为燃放烟花爆竹会在短时间内造成严重的大气污染，在政府的积极倡导下，改变了大量燃放烟花爆竹的风俗。从开始的定时、定点燃放到禁放，直到2017年倡导打造"生态康养"特色小镇（起凤镇），春节燃放烟花爆竹的风俗已经改变。

人类社会很早就出现了休闲文化。休闲并不是无所事事，而是在劳动和工作之余，人的一种以文化创造、文化享受为内容的生命状态和行为方式。休闲的本质与价值在于提升每个人的精神世界和文化世界。休闲文化的一个核心是"玩"。"玩"是自由的，是无功利、无目的的，很容易过渡到审美状态。在马踏湖乘坐游船，畅游核心区大湖面，欣赏湖上和周边的荷叶、荷花与美景；乘坐马踏湖的小船（俗称溜子）顺着河汊沟渠，穿梭在芦苇荡中，体验撒网捕鱼、鱼鹰逮鱼。乘坐观光车环绕湖区核心区、功能区，走马观花式领略湖区风光，在湖区最高的桥稍做停留，纵观湖区全景、远景；体验滑草畅快的刺激。只是观看还不过瘾，或大伞之下，支起鱼竿，懒坐在马扎上，看着手中的闲书，静待那鱼儿上钩，让思绪随着湖中微风吹拂的波纹，缓缓荡漾……

马踏湖民俗手工艺（摄影：赵亮）

三、马踏湖的形式美

形式美是一种重要的特殊美，形式美是规律性与目的性统一的形式，真和善相统一的形式，即自由的形式。形式美是独立的审美对象，是一种美的形态；同一切美的事物一样，形式美同样是人类社会实践的结果，是历史文化发展的产物，人类在持续改造自然的社会实践过程中，逐渐对自然的感性质料（色、光、线等）、自然的形式规律（比例、对称、均衡、节奏等）、自然的性能（生长、发展、变化等）有了认识，并根据自己的需要和尺度对它们加以运用与改造，使之对人类有利，因而它们具有了审美价值。形式美的形成，不在自然形式本身，不在人的生涯、心理，也不在自然形式与人心理的同构对应，而是植根于人类社会的深刻基础——实践。

形式美的构成要素主要包括色彩、形体与声音。色彩是构成美的世界必不可少的因素。单就色彩本身而言，它也可以成为独立的审美对象，色彩美是人的视觉器官所感受到的空间的美。

色彩可以引起人的审美感受，色彩与人的生活实践相联系，它本身被赋予一定的社会生活内容和观念意味。它逐渐规范化为独立的审美对象，具有多种审美效果。春夏的马踏湖区最多的是绿色，秋冬的马踏湖更多的是黄灰色。从众多歌咏马踏湖的诗词歌赋对联中可以体验来自马踏湖的感性质料、形式规律和自然性能的形式美。

马踏湖美景（摄影：巩森贤）

四、马踏湖的艺术美

艺术美是美的重要形态，是美的集中体现。艺术美是指存在于所有艺术作品中的美，是艺术家依据美学理论、思想和情趣，遵循美学及美育规律，按照艺术手段创造出的综合美。艺术美是艺术家创造性劳动的产物，艺术创造是美的创造，人们依照"美的规律"来塑造物件。艺术美弥补了现实美所存在的缺陷和不足，因而艺术美远远高于现实美，艺术美是美德最高的形态，艺术美是内容与形式的和谐统一。如果说社会美是偏重于内容的，自然美是偏重于形式的，那么艺术美则是内容与形式的和谐统一。

艺术种类包括建筑、工艺、书法、雕塑、绘画、音乐、舞蹈、戏剧、电影、电视和文学等。这些方面在马踏湖中都有体现，都可体验。

马踏湖晨雾（摄影：巩森贤）

五、马踏湖的科技美

科技美是科学美与技术美的合称。技术美是人类在实践中创造的，属于社会美的大范畴；科学美是人们在发现与探索自然规律过程中，所创造的美的成果或形式，它和艺术美是并列平行的反映美，是观念形态的美。

马踏湖作为国家级湿地保护区，承载着重要的生态功能。自马踏湖大规模整修改造以来，核心区水质实现了自然改善，功能区各种鸟和动物越来越多，缓冲区乃至整个桓台县的大气质量都有大幅度的改善。近几年，桓台县经常达到全年200天大气优良，这都是科技美带来的生态效应。

技术美也叫生产美、劳动美、工艺美，它是在生产实践的过程中产生和发展的，属于社会美的范畴。技术美包括劳动过程中的美、劳动条件和劳动环境的美、劳动产品的美。生产劳动是在一定的劳动过程中进行的，生产劳动的美也必然体现在劳动过程之中。在生产劳动过程中，人们要付出体力、智力和情感，要克服困难、不怕牺牲。人们在劳动中不仅可以创造物质产品，而且可以感到创造的乐趣，得到美好的精神享受。马踏湖良好的条件环境、良好的劳动条件有利于劳动美的创造，有利于人们审美能力的提升，有利于工作效率的提升。在马踏湖可以观赏到各种劳动的美产品，品尝到各种淡水鱼、虾蟹、莲藕、粽子、花馍等美味佳肴。就连桓台县大小宾馆、饭店、餐馆的厨师大部分都来自马踏湖区的起凤镇。到马踏湖（甚至整个桓台县）可以感受湖区劳动美的成果，黑鱼、鲫鱼、鲤鱼、鲇鱼、鳝鱼、三针鱼、泥鳅等美味淡水鱼菜肴，成为远近闻名的特色美食。

马踏湖美景（摄影：陈鹏）

六、马踏湖美育活动的类型

马踏湖作为国家级湿地和景区，它的美育活动主要有博览式美育活动、主题式美育活动、探究式美育活动等。

博览式美育活动。参观景区最常用的方式就是尽可能一次性走完整个参观路线，这种参观方式就是"博览式美育活动"。博览式参观一个景区，可以系统地了解一个景区的自然、社会、历史、文化、人物、事件、变迁等历史概貌，体会社会美、自然美、艺术美等。对马踏湖进行博览式参观，开展博览式美育活动，主要是大致了解其总体概况，整体领略其总体风貌，全面体味马踏湖的自然、社会、形式等方面的美感。

主题式美育活动。马踏湖美育可分为若干主题，参观者可以根据自己的兴趣、爱好对其中的某一个主题进行反复、细致的参观，进行主题式美育活动，体验社会美、自然美、科技美、艺术美、形式美。例如，可以对马踏湖的传说、人物、诗文、代表符号等进行主题式美育活动。

探究式美育活动。马踏湖包含大量的实物资料以及文物，其本身有着非常大的价值。也可以某一专题为线索，参观马踏湖，进而借助书籍、网络等载体展开深入探究和研究，这种探究可在深度、广度、高度、长度上进行必要的扩展。例如，马踏湖作为国家级湿地，可以湿地为线索展开深入探究。在广度上，可以与国内外、省内外的湿地进行对比研究。在深度上，可以对湿地的功能进行深入探究。在长度上，可以对马踏湖湿地的过去、现状及未来展开探究。在高度上，可以对湿地改善生态环境的重大意义进行探究。

开展马踏湖综合美育活动，可根据学情及学生的兴趣，指导他们采取适合的方式，选择适当的主题或专题，帮助勤奋努力的中小学生突破自己，勇攀高峰。给孜孜不倦的学生提供完美的学习途径，使他们能够在各自的研究领域或艺术领域达到顶峰。让那些成群结队到来的学生看到书本上没有或无法看到的东西，让他们在离开时有一些明确、成形的观点，离开后可以进一步探索，转化成有益的成果，并受到美的熏陶，继续进行美的探索之路。

希望通过本书的指引，师生将综合美育活动迁移到参观其他湿地、参观其他景点、开展社会实践活动、开展研究性学习活动、实施研学旅行之中去，在大自然中充分享受美的熏陶。

第二章

马踏湖名考

据文献记载和文献研究，马踏湖的命名有多种说法。

一、马踏湖

一说春秋时期，齐桓公于此会诸侯，诸侯恐陷被擒，将重兵带至湖畔，于是，众马踏成湖泊，名为马踏湖。据史料记载，齐桓公九会诸侯，其地点皆不在桓台。只有公元前827年，周宣王在此湖会过齐侯。因此，说众马踏成的湖泊，属民间传说。桓台地势南高北低，南部平原海拔最高29.5米，而北部湖区海拔只有7米，南北地势相差较大。湖区比博兴县南部低1.5米以上，比高青县东南部低2~5米。沧海桑田，鬼斧神工，汇水成湖。马踏湖是大自然的杰作，由地质构造和地貌特征所致。

再者，马踏湖由发源于鲁中山区的乌河、猪龙河、孝妇河诸水汇聚而成。明代王象艮在《锦秋庄记》中载："湖虽跨高、博、吾邑三县，其实尺地勺水皆在吾邑，此地最下，仰受泰山万壑洪流下壅入海故道，因汇而成湖，周环百里水天一色。"

另一种说法是齐景公有马千驷，畋于青丘，故取名马踏湖。传说，齐景公带人到青丘打猎游玩。那时的青丘，地势低洼，草深林密，是射猎的理想场所。齐景公围猎一天，甚是尽兴，但到傍晚一查点，竟走失了一匹心爱之马，齐景公急令麾下搜寻。一连几日，不见踪影。齐景公寝食难安，唉声叹气。无可奈何之际，招来地方官询问，地方官出谋划策："马生性恋群，不妨放出许多马，让它们自由奔跑，也许走失之马自己会回到马群。"齐景公觉得很有道理，便命令将他的数千匹马从临淄转场到青丘，马儿成群结队，自由奔跑，果然，丢失的那匹马很快回到了马群里。齐景公自是高兴不已，带着爱马返回临淄。

此处本来地势低洼，土质又松软，经这许多马来回奔驰，塌陷下去许多。后来，雨季到来，周围高处的雨水都往这儿流。当地人为防水患，便在村庄四周取土垒成土台，土台四周地势更低，水在低洼处聚集，互相连接，渐渐形成一片有许多土台子的湖。因为此湖是齐景公的马踏而成，故名马踏湖。

据"齐景公有马千驷，畋于青丘"，众马奔驰于此地而得名马踏湖之说，不能说完全没有道理。北魏郦道元著《水经注》载："济水又东北迤为渊渚，谓之平州坑。"《太平御览》载："齐人为湖曰坑。"

二、少海

春秋时期，此地称少海。据《左传》载："齐景公有马千驷，畋于青丘，与晏子游于少海。"青丘，即华沟村北的青冢，现青丘上建有五贤祠。1987年建五贤祠时，在此出土过春秋时之陶罐，证明春秋时确有人在此居住。华沟村中已发现马厩湾古迹，距地面2米以下为一马粪层，其面积广而厚可佐证其为牧马场地。

三、李白泊、谪仙泊、官湖

据《济南府志》载："新城牟家庄东北古城，旧传为李白泊，其居徂徕山时，曾至此乎？果尔，则谪仙泊即官湖。"

唐代李白曾由徂徕山至此观光，写下诗句：

> 齐有倜傥生，鲁连特高妙。
>
> 明月出海底，一朝开光曜。
>
> 却秦振英声，后世仰末照。
>
> 意轻千金赠，顾向平原笑。
>
> 吾亦澹荡人，拂衣可同调。

大意为：齐国豪杰倜傥，以鲁仲连最为高妙。他就像明月珠出于海底，光辉照耀人寰。他因退秦兵而名声大振，后世之人对其光辉的人格十分仰慕。面对千金之赠，鲁仲连看得很平淡，含笑看着平原君，推辞了。我也是像鲁仲连一样淡泊名利之人，挥袖扬袂，把这位侠士引为同调。

这首《古风》（其十）借鲁仲连的故事，表达诗人的人生理想和政治理想，寄托自己的感慨，真实地反映出李白思想、性格的丰富与复杂，激情与淡泊。朴实洗练的语言，充沛悠然的气韵，已足以显示李白高雅华贵的精神气质与人生追求。

后人为纪念李白来此，改马踏湖为李白泊、谪仙泊，又名官湖。

四、锦秋湖

宋代苏东坡由登州来此观赏湖光，并赋诗《横湖绝句》：

> 贪看翠盖拥红妆，
> 不觉湖边一夜霜。
> 卷却天机云锦段，
> 从教匹练写秋光。

秋高气爽，湖光粼粼，田田的荷叶，如伞盖遮着平静的湖水。荷花娇艳，如红妆少女，亭亭玉立。此诗形象地写出了秋日马踏湖上秀丽的风光，秋日的神韵。

后来，人们为纪念这位贤人，从他的《横湖绝句》中各取后两句倒数第二的字，将马踏湖改名为"锦秋湖"，湖中小洲上的亭子定名为"锦秋亭"。

苏东坡是否真的到过马踏湖，抑或诗中所谓"横湖"另有其"湖"，早在清代就有人关注过这个问题，王渔洋在《池北偶记》、徐夜在《锦秋亭辨》中都对此提出过质疑。但无论怎样，至少从明代就这样称呼它。明清两代众多文人墨客留下的大量有关马踏湖的诗文作品中，大多称之为"锦秋湖"，其次是"官湖""北湖"。

五、麻大湖

马踏湖还有一个名称叫"麻大湖"，也就是现在博兴县对它的称谓。明嘉靖四十四年（1565）《青州府志·山川篇·高苑志》："麻大泊在高苑、博兴、新城三县之间，俗名官湖，又名锦秋浦，即鱼龙湾。周五六十里，蒲苇丛生，芙蓉如锦，亦一大观也。"

由此可知，麻大湖之名当在于钦《齐乘》之后。有关麻大湖的典籍考证或解说，多取材于明嘉靖《青州府志》。这从《中国地名大辞典》中也可以看出："麻大泊在山东桓台县东北三十里。接博兴、高苑二县界，俗名官湖，又名锦秋湖。周五六十里，蒲苇丛生，芙蕖如锦，其中有鱼龙湾，水流旋转不定，相传有龙窟，乌河、孝妇河皆潴之。"

明嘉靖三十七年（1558）《新城县志》载："麻大泊在新城县城东北五十里，乌河西，新城、高苑、博兴三县之间，俗名官湖，又名锦秋湖。"可知，当时官府通称马踏湖，后讹为麻大泊、麻大湖。至清顺治九年（1652）仍以马踏湖之名冠湖。

清乾隆年间，新城、博兴两县因为湖区边界问题，互为诉讼，各持己见。新城县始以馑饥岭为界区分湖名，岭北复名麻大湖，岭南改庞家湖为锦秋湖。1985年正式复名为马踏湖。

据"民国"二十五年（1936）《山东省博兴县志》载，"民国"七年（1918）十一月博兴呈省府公文云："前清初年，该县城里王兵部司马丁盛时，恃伊威力，硬将博湖南境霸占多半，故该县志又改名马踏湖。"因此，可说马踏湖一名始改于清初。

六、"家乡地名"综合美育活动

【活动名称】

"我为家乡代言"之一：考察家乡地名。

【活动目的】

了解家乡历史，提升文化自信，传播家乡美名。

【活动用时】

半学期。

【涉及学科】

历史、地理、语文。

【活动方案】

1. 小组组成

组成"考察家乡地名"活动小组。

2. 小组内确定分工

学生分工考察不同范围，可以是桓台县的地名由来及历史变迁，可以是某个乡镇的名称考察，可以是自己祖辈生活的村庄的名称，也可以是县城小区、街道的名称及变迁。

3. 活动过程

（1）收集资料。通过查阅家乡史料、访问家乡长辈、请教历史老师、网上搜索等方式，收集有关家乡地名的资料。包括地名的来历，不同时期的名称变迁及原因，行政区划的范围，隶属关系等。

（2）按照统一的顺序整理材料。小组成员将收集的图片、家谱、史料等内容，按照统一的写作顺序整理好。

（3）按照分工整理资料，写成文章，按照县、镇、村、街道、小区的顺序，整理成小组的统一成果（写出文章或做出PPT，拍成视频）。

4. 成果展示

开展"讲述家乡历史"活动。在班级内讲述家乡地名的来历、变迁。借助讲坛平台讲给全校同学，在学校公众号发布，在网络平台发布。

第三章

马踏湖传说

马踏湖风光旖旎，一代代湖区人在这里繁衍生息，把自己的勤劳善良、坚忍顽强化为口耳相传的故事、神话传说，给我们留下了宝贵的精神财富。

一、景点传说

（一）五贤祠

1. 五贤祠介绍

五贤祠的由来：五贤祠是为纪念与马踏湖有关的五位贤人而建。

五贤祠大殿内，五贤塑像一字排开，中为鲁仲连、左为苏东坡、右为诸葛亮、东西为辕固和颜阍。

早年，湖区的人们曾经在清凉台上给颜阍、鲁仲连、辕固三人建了一座祠堂——三贤祠，名曰"无欲"。匾额为"无欲则刚"。

明初，祠堂毁于战乱。

明中后期，"江北青箱"之王氏（王渔洋）祖父王象晋鉴该诗之内涵，慕孔明之文治武功，便改华沟为锦秋庄，重修三贤祠，改辕固先生塑像为牌位，加塑诸葛亮之塑像，并将他推为五贤之一。可见人们对诸葛亮的推崇。

明末清初，兵荒马乱，新城王氏家塾迁于青丘，并将三贤祠由锦秋庄（华沟村别名）移到冰山遗址。因为王氏从明朝万历年间世世为官，并期冀子孙后代也居相位，名扬天下，于是歪曲湖民之意，易辕固之位予诸葛亮位。

另外，也和诸葛亮确来过马踏湖有关。诸葛亮青年初期，随父避难荆州，中期借探亲之际，自临淄、西安（索镇）、诸葛庄一线，驾扁舟登马兰台（华沟南沿），极目览景，心旷神怡，即兴赋诗《官湖即目》：

> 今我游齐都，放荡鲁连陂。
>
> 官湖何秀气，锦翠胜姑苏。
>
> 借予一海鸥，自挟双凤凰。
>
> 含笑瞰倒影，欣然胜吴刚。

清乾隆年间，湖区人民维修五贤祠时，以"江北青箱"王氏叔侄为首倡导"三贤"者：一曰鲁仲连、一曰诸葛武侯、一曰苏文忠公，颜阗、辕固二贤设牌位祭之。其中，苏轼（1037—1101），北宋文学家、书画家、唐宋八大家之一。几经贬谪，宋哲宗时曾任登州、杭州、颍州，官至礼部尚书。绍圣又贬谪惠州、琼州，病死杭州，追谥文忠。天命之年知登州时，弟子、兄弟互访，路经少海时数访鲁仲连于会城湖，即兴赋诗一首："贪看翠盖拥红妆，不觉湖边一夜霜。卷却天机云锦段，从教匹练写秋光。"（天机云锦：本意是天上织出的锦绣。后指诗人的诗文华美精妙，浑成自然，有如天上织出的锦绣。此处用本意。语出《词源·杂论》。从教：听任；任凭。匹练：常以形容奔驰的白马、光气、瀑布、水面、云雾等。写：摹画也。）弟子称其诗为北国湖光之最。

同治三年（1864）重修三贤祠，以年代排列塑像。鲁仲连居中，诸葛亮在左，苏东坡居右。颜阗、辕固各有牌位配亭。两山墙立有侍童二人，人呼为"二哥哥"。

民国十五年（1926），村民捐资扩建三贤祠。规模空前宏大，大殿三间，厦檐四柱合抱。中间两柱楹联是：异姓三贤卧龙谪仙天下士，数代一堂汉相宋儒战国才。边柱楹联是：黜秦帝，讨汉贼，力匡汉家，缅昔年勋业文章，各有大名垂宇宙；蹈东海，庐南阳，辉映四蜀，问诸处春秋亭祀，何如此处好风光。门上对联为：异姓结同心之侣，一堂萃三代之英。匾额是：冰山宛在。

大殿内供三贤塑像，并绘有壁画多幅，皆以三贤事迹为题材绘制。每年三月十八日，善男信女，奇士名流，不计其数，来此瞻仰三贤。三贤祠成了马踏湖的一大胜景。

1966年三贤祠被毁。1985年在三贤祠旧址，由政府和村民投资重修祠堂，改名为"五贤祠"。五贤祠南北长55米，东西宽45米，占地面积2475平方米，包括大殿五间，东西厢房各三间，还有钟楼、鼓楼和大门。大殿巍巍壮观，殿内五贤塑像是山东艺术学院张昆仑教授制作。五贤塑像一字排开，中为鲁仲连、左为苏东坡、右为诸葛亮、东西为辕固和颜斶。诸葛亮、苏东坡都曾到马踏湖游览观光，是一代文学家、政治家、军事家等。鲁仲连有胆识、仗义，乐于扶危济困，为人排难解纷。颜斶不畏权势、不慕荣利，是齐国高士。辕固是西汉"齐诗学"的开创者，为人公正廉直，为人所敬仰。这就是人们新推崇的五大贤人。

五贤祠（摄影：巩森贤）

2. 五贤祠相关诗文

望湖怀古①

〔明〕杨继盛②

名湖落居会城③西，华日锦云笼罩奇。

高柳喜迁莺出谷④，亭祠时待凤来仪⑤。

李白吊咏鲁仲连，苏轼横赋锦秋诗⑥。

慕容鹅鸭⑦两千年，鸣聒犹在阴雨里。

【注释】

① 望湖怀古：选自《桓台名胜古迹·望湖楼》。

② 杨继盛（1516—1555），字仲芳，号椒山。直隶容城（今河北容城）人。明朝中期著名谏臣。嘉靖二十六年（1547）进士，官至兵部员外郎，先因上疏弹劾大将军仇鸾开马市之议而被贬，后上疏力劾严嵩"五奸十大罪"，遭诬陷下狱。狱中备受酷刑，终被杀害，时年四十岁。明穆宗即位后，以杨继盛为直谏诸臣之首，追赠太常少卿，谥号"忠愍"。

③ 会城：古地名，春秋时称平州，《左传·宣元年》："公会齐侯于平州。"（鲁宣公与齐惠公在平州会晤）因是诸侯会盟之地，故又名会城。遗址在锦秋湖东穆家寨村北。

④ 高柳喜迁莺出谷：化用《诗经·小雅·伐木》中"伐木丁丁，鸟鸣嘤嘤。出自幽谷，迁于乔木"句意。

⑤ 凤来仪：凤凰来仪，指凤凰来飞，翩翩起舞，仪态优美，古时以此为祥瑞之兆。《尚书·益稷》："《箫韶》九成，凤凰来仪。"唐代柳宗元《晋问》："有百兽率舞，凤凰来仪，于变时雍之美，故其人至于今和而不怨。"

⑥ 锦秋诗：指苏轼《和文与可横制湖绝句》。

⑦ 慕容鹅鸭：桓台有鹅鸭城遗址，又称慕容城，传说因南燕慕容超曾在此放养鹅鸭而得名。

览邑古迹①

〔清〕张希骞②

湖边烟树日迷离，不见当年鹅鸭池。

碧草春深辕固冢，黄花秋老鲁连陂。

桓公台③畔无高柳，蜀相祠④前有断碑。

邑井⑤于今凡几易，古来兴废总如斯⑥。

【注释】

① 览邑古迹：选自《新城张氏世谱》。

② 张希骞（1724—1814），字博侯，清代新城（今山东桓台）人。邑庠生，雍正年间岁贡生，张庆甲之子，一生执教，桃李遍海内。著有《博侯文

集》《龙山文集》《博侯诗钞》等。

③ 桓公台：又称系马台，旧时为齐桓公战马集结之地，俗称戏马台。地址在山东桓台新城镇驻地。

④ 蜀相祠：即诸葛亮庙。

⑤ 邑井：古代区域单位。《周礼·地官》："九夫为井，四井为邑。"又为庶民编制单位。《管子·小匡》："制五家为轨，轨有长；六轨为邑，邑有司。"

⑥ 斯：这样。

游三贤祠
鲁泮芹

三贤祠上邀同游，天气清凉七月秋。

乘兴诸君齐把酒，我非名士也风流。

锦秋湖抒怀（二首）
宋剑秋

一

锦秋湖泊肇洪荒①，少海②得名更渺茫。

颜阖辞官鸥鹭隐，鲁连遁迹云水乡。

高风百代流芳远，胜地千秋历史长。

继起当多清俊士，谁将往事问斜阳。

二

晏子君臣少海游③，旌旗车马满汀洲④。

太公表海⑤功勋大，田氏移齐⑥岁月悠。

半面山峦悬绣幛，一湖波浪戏沙鸥。

独立玉带桥⑦头望，唯见乌龙⑧水北流。

【注释】

① 肇洪荒：始自远古。肇：开始；洪荒：混沌蒙昧的状态，指远古时代。

② 少海：锦秋湖古名少海。

③ 晏子君臣少海游：《左氏春秋》："齐景公有马千驷，畋于青丘，与晏

子游于少海。"后有齐景公有马千驷，众马踏践成湖之说。《今县释名》载：
"广饶县东北有柏寝台，齐景公与晏子游于少海，登柏寝之台而望其国……俗谓
台曰桓公台。相传桓公曾会盟于此，按柏与桓字形相近，桓当即柏宇之讹。"

④ 汀洲：水中小洲。

⑤ 太公表海：太公姜尚辅佐周武王灭殷，周朝建立以后，被封于齐，为齐
国始祖。表海：面向大海，建立齐国。《子华子·晏子问党》："且齐之为国
也，表海而负隅。"

⑥ 田氏移齐：周朝初年，齐国原为姜姓。战国时，田氏夺取政权，称田
齐。周安王时列为诸侯。

⑦ 玉带桥：乌河上的一座石板桥，地址在桓台县索镇。

⑧ 乌龙：乌河，北流入马踏湖，后经小清河入海。

对　联

三贤祠

（1）异姓三贤，卧龙谪仙天下士；

　　　数代一堂，汉相宋儒战国才。

（2）异姓结同心之侣，

　　　一堂萃三代精英。

五贤祠

（1）异姓五贤英名传万古，

　　　数代一堂功业垂千秋。

（2）不帝秦，不王前，不忘汉室，各有大名垂宇宙；

　　　斥腐儒，斥曲学，斥退公孙，常留正气在人间。（宋剑秋）

（二）冰山

1. 冰山介绍

《新城县志》记载：乾隆癸巳正月，日将暝，湖上风雾骤作。其夜清凉
台积冰如山，高二三仞，长二三百步，峰峦耸峙，蹬道盘行，寺塔宛然。其
洞壑幽邃，沉香望之，有数百里之势。每夜灯火荧然，若数盏环其上，月余

冰消。

　　清初文坛领袖王渔洋在《池北偶谈》一书中记载："康熙戊申，予邑北锦秋湖中，冰立如山，高可数丈许。岩洞林壑皆俱，千峰万壑宛转。走观之入其中者，如在深山。而表里洞彻类晶玉。旬日始消。"

　　冰山，原名青丘、青冢，又名清凉台。

　　传说，一日，鲁仲连约颜斶少海泛游，两人一边畅饮，一边谈论六国时政之得失。酒至酣畅，话更投机，午夜时分仍毫无倦意。后来，鲁仲连的家人找来慌慌张张地说："老爷，大事不好！你派出打探的人回来说，临淄被秦军攻破，齐王已经投降。老夫人让我来叫你赶紧出走躲避一下。"鲁仲连听罢，呆坐不动，眼睛直直地盯着茫茫水面。当初劝说平原君时的话仍萦绕耳边："如果秦王统一天下，我将投水自杀，决不当他的顺民。"于是，面对无垠的夜空，他高声喊道："苍天啊，你为何欺善从恶，让暴秦得势！我鲁仲连堂堂七尺男儿，决不食言……"颜斶正要上前劝阻，他已纵身跳入水中。顿时，湖面狂风呼啸，大雪纷飞。青丘突兀，立起一座冰山，长百步，高数仞，峰峦叠嶂，洞壑幽邃，灯火荧荧，威严而壮观。

　　后人为了纪念这位高士，在青丘的最高峰建起一座精美华丽的亭子，名曰清凉亭。朝北面悬挂一幅金字匾额："冰山遗址"。

冰山遗址全貌（摄影：陈鹏）

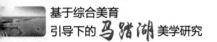
2. 冰山遗址相关诗词

冰山遗迹

宋剑秋

一

隆隆彻夜作雷鸣，晓望湖中异景生。

一座冰山平地起，千寻①玉岫摩天②成。

丛峦叠嶂皆银铸，怪石奇峰似镜明。

洞壑玲珑疑剔透，神工鬼斧莫能名。

二

海市蜃楼转眼空，冰山峙立逾严冬。

坚守直抵三春暮，异事遥传一国中。

共诧仙灵施妙术，还疑造物显神工。

奇闻累世非虚构，博古渔洋笔记③同。

【注释】

① 千寻：古代八尺为一寻，"千寻"常形容极高或极长。玉岫：山峰之美称。

② 摩天：跟天接近，形容极高。

③ 渔洋笔记：指王渔洋所作《池北偶谈》《居易录》等随笔。

二、村镇传说

（一）鱼龙湾

1. 鱼龙湾介绍

马踏湖中有鱼龙湾，据说鱼龙湾原来水面有数百亩（1亩≈666.7平方米）之阔，水深不可测。附近靠水而居的百姓，约定不准下湾捕鱼，只准向湾内放生。所以，每年清明节前后，总有无数善男信女特意从外地买来活鱼放生。久而久之，湾中鱼多且大。湖区人称这些大鱼为仙鱼龙。

有一年的七月十五日，一乡民劳作晚归，撑船回家途中，忽然寒风骤起，顷刻间，大雪纷飞，冰封湖面，归途被阻，乡民只得夜宿船舱。当夜，饥寒交迫之际，无法入睡。朦胧中，见一老者须发苍白，由水上缓缓而来。惊愕间，老者已至眼前，含笑说："莫怕，吾乃龙窟主人，大雪封湖，你无法回家，我特邀你去吾处安身，以防冻馁。"说罢一招手，乡民便跟随他前去。他们左拐右拐，不多时，进入另一世界。前面现出一座黑漆大门，上写"鱼龙洞庭"四个金光大字。老者进门，呼童唤仆，设美酒佳肴款待乡民，并说："此亦是家，只管放心。"乡民想问什么，老者说："不必多问，日后便知。"

乡民在酒足饭饱之后，遵老者所嘱，昏然睡去。次日醒来，却依然身在船上，安然无恙。天明日出，冰雪消尽，湖上仍是一片初秋景象。回到村中，遍言其事，大家都认为是"鱼仙"显圣。于是，众乡民纷纷置酒菜在湾边祭奉那怜贫济苦的鱼仙。此后，每年三月十五日在湾边放生，七月十五日放河灯、扎花船祭奉鱼仙，成为这一带居民的习俗。

千年古潭鱼龙湾，久传湾内深潜"仙鱼洞庭"，又名龙窟。其湾水深莫测，寻常间潭水漩涡似石磨；若有蛟龙跃出水面，便行呼云播雨之功，待到返归湾内之时，伴有霹雳电火、水浪呼啸。而晴好天气，清风拂柳，波光粼粼，紫烟万状。成群结队的金鳞鲤鱼显现于水面，时而列阵翔游，时而拱波戏水，素有"龙脉鱼丽"之称。

2. 鱼龙湾相关诗词

仙鱼洞庭①

〔清〕宋瑞图

苍龙卧深泓②，仙鱼居洞庭③。

寒暑皆如春，海底水晶宫④。

【注释】

① 仙鱼洞庭：马踏湖鱼龙湾中的一个深窟。汉朝时名为"龙窟"，元明时称为"鱼龙窟"，洞口在卧龙桥旧址以北10米处湖底。入洞口再进50米便是洞庭。清末禀生宋瑞图题写此诗后，改称"仙鱼洞庭"。

② 泓：水深。

③ 洞庭：广阔的庭院。《庄子·天运》："帝张咸池之乐于洞庭之野。"成玄英疏："洞庭之野，天池之间，非太湖之洞庭也。"

④ 水晶宫：传说中用水晶构成的宫殿，神话中龙王所居。

鱼龙窟①

宋剑秋

天将雷雨望湖东，突有乌云起泽中。

直上蜿蜒悬索带，天矫②隐约现鱼龙。

风停似见还归窟，雾散无声又匿踪。

几度剌舟③寻洞穴，湫④深水碧乱蓼红⑤。

【注释】

① 鱼龙窟：相传天将下雨时往往看见神龙出现倒挂天际，俗称"龙挂"，雨罢还归窟中。此诗正是描绘雷雨前后"龙挂"出现和消失的过程。

② 天矫：屈伸自如、恣意飞腾的样子。

③ 剌舟：撑船，划船。

④ 湫：水潭，洞穴。

⑤ 蓼红：植物名，因为枝叶放纵，《诗经》中称为"游龙"。

（二）起凤桥

起凤桥在马踏湖东的起凤村，它是架在乌河上的一座桥。

据《黄氏宗谱》记载：先祖原籍直隶冀州枣强县司窦村，自洪武四年（1371）徙居山东济南府新城县演马庄，八世祖朱选从演马庄迁居（乌河西岸）此村。从此，黄姓居乌河西岸，魏姓居乌河东岸。为沟通两村，方便往来，人们便在乌河上搭建了一座木桥，这木桥倒影在河中，酷似一个"耙头"，于是起名为耙头桥。

相传，明朝正德年间的一个早晨，东方刚泛着鱼肚白，一群农人就荷锄下地，当走到耙头桥上的时候，忽见一只金凤凰"扑啦啦"从桥下飞出来，"呀、呀"叫了两声，展翅飞去。这桩新奇的事儿，一传十，十传百，很快传遍了乌河两岸的家家户户。金凤起飞，吉祥开瑞，遂之人们便将耙头桥更名为起凤桥。

清嘉庆年间，文英魏淳隐居此地，不仕，曾一度被称为隐居村。道光年间正式定名为起凤桥。

三、遗址传说

（一）避风亭

邑候刘大绅，字寄庵。清乾隆三十七年（1772），考中进士，拜山东新城县令。乾隆乙巳年，刘大绅泛舟锦秋湖，突遇狂风，无奈靠岸避风留宿于鱼龙湾学舍，将此题为"避风亭"。甲寅年，刘大绅再至锦秋湖，宿鱼龙湾学堂东学舍。此时正值大旱，但是，天公作美，其夜大雨，四野沽足，旱情得到缓解。刘大绅喜将此处题为"小喜雨亭"。大约汲取苏轼喜雨亭的精髓。此后，湖中留下胜迹。

留宿之夜，卧栏听雨。刘大绅诵读了王象晋的七言绝句《锦秋亭》，遂步其韵题《聚龙桥》①一首和之：

> 廿②年遗爱③未全消，十里青葱见稻苗。
>
> 何以使君④恩似水，至今不识聚龙桥。

刘大绅（1747—1828），出身于书香之家，"文名在邦国、直声在同里"，就是对其祖上的盛赞。清乾隆三十七年（1772），他考中进士授山东新城县令。后又迁文登、朝城县令及云南武定同知。他当了十多年的七品小官。为官公正廉洁，关心和同情百姓疾苦，深受人民的爱戴。刘大绅竭力任事，政绩颇多，有巡抚曾代嘉庆帝朱批"好官可用"四字。嘉庆十年（1805），大绅以母老辞官回到宁州后，有山东新城县民张万灵等乡绅特请人作《遗爱图》一套十九幅，绘刘大绅在山东各地事迹，以寄托对他的思念之情。为此，《清史稿》特意为他立传。

乾隆四十八年，授山东新城知县。连三岁旱，大绅力赈之。调曹县，代者至，民数千遮道乞留，大吏为留大绅三月。乾隆五十八年，病起，仍发山东，补文登。值新城修城，大吏徇士民请，檄大绅督工，逾年始竣，寻以曹县旧狱被议，罢职遣戍。新城、曹县民为捐金请赎，得免归。

刘大绅像

此次避风留宿的私塾，舍外绿树成荫，波光粼粼，舍内房舍古朴，环境优雅。门楼朝东面水，堂屋用于私塾先生讲学，耳房做伙房、宿舍，南屋供学生读书。

道光年间，塾师巩谦光为纪念刘公胜迹倡导修亭，将其改建成下门道上亭台的二层门楼。青砖瓦覆盖，黑亭柱支撑，庄重雅致。又加此亭依湖傍水，四季湖光可餐，更为盛景。上层的匾额为刘大绅题书的"避风亭"三个大字。

为纪念刘大绅，后人于书屋内画有四幅图：一为《甘雨随车图》，以缅怀刘公下车于途，延访民隐，而甘雨应时；一为《祷雨图》，并题刘公祷雨誓言：三日不见听，不食，五日不见听，不饮，七日不见听，宁与民俱毙，以怀刘公体恤民艰；一为《谆尚实学图》，以效刘公重视培养人才，为诸生讲课谆谆以教；一为《礼士崇节图》，以思刘公接贤纳士，愿同明相照，重表人之善。

院内曾经书声琅琅，门前更是绿水潺潺。行至此处，见杨柳依依，波光倒影。思古贤为民，百姓大幸。

【注释】

① 聚龙桥：在鱼龙湾，现名卧龙桥。

② 廿：二十。

③ 遗爱：遗留仁爱于后世，指留于后世而被人追怀的德行、恩惠、贡献等。此处指作者前次任新城县令时所施行的惠民措施。

④ 使君：汉代称呼太守刺史，汉以后用作对州郡长官的尊称。

（二）会城

1. 会城介绍

从桓台县的记载看：会城，在今山东桓台县北乌河口，即古之平州。《水经·济水注》："济水又东北迤为渊者谓之平州，漯沃县侧有平安故城，俗谓之会城。"《清一统志·济南府二》：会城泊，在新城县东北三十里乌河口。《县志》：会城泊，亦名红莲泊。

从博兴县的记载看：会城湖又名会城泊，在县旧城西南3000米，湖滨乡境内，安柴村西北，西邻麻大湖，两湖相通，西南与桓台县夏庄搭界，面积约10平方千米，有乌河（时水）、汉凑水（渭水）分别从西南、东南注入。湖东南角曰会城（俗称城子）。为延乡侯国、平安县城（即平州）故址。民国年间，曾为城子中学旧址，今遗迹尚存。该湖今水源短缺，业已干枯，雨季稍有积水，蒲、苇、绵柳生长旺盛。

明天启《县志》载："会城，旧志云：在新城东北四十里，旧传为齐桓公会盟处。"

据查：会城，古为平州。西周宣元元年（前827）周宣王会齐侯于此，名会城。汉在此置平安县，莽新改曰鸿睦，南朝宋置长乐县，隋开皇十八年（598）改为会城县。会城东枕渑水，西依乌河，处干乘、博昌之间。春秋战国时期，为齐国南北之战略要地。

在今马踏湖东岸，夏庄村东一带，为古会城遗址。遗址略呈方形，长宽约500米。墙基高约1.5米。周围高，中间低，像小盆地，当地人叫东城子。

《史记》记载，齐桓公自称"寡人兵车之会三，乘车之会六，九合诸侯，一匡天下"。

传说，齐桓公经过南征北战，东讨西伐，各地方的诸侯大都被征服了。为了强迫列国公推他为领袖，齐桓公曾在会城这个地方重兵列阵，大会六国诸侯，而六国诸侯唯恐落入齐桓公的圈套被擒，也带大军蜂拥而至，众马便将这片土地踏成了湖泊，故名曰马踏湖。

20世纪50年代华沟村进行水利建设，曾挖到了马粪层。据当时在场的人回忆，挖下数米深，面积多广，粪层多厚，难以估计。也许这是一个证据。

2. 会城相关诗词

游平州①故城

〔清〕刘大绅

野渡②寒塘咽不流，停桡③且上古平州。

姜初④表海风何大，田既移齐土一丘。

此处衣冠曾会鲁，何人玉马⑤肯朝周。

茫茫千古无限恨⑥，尽向烟波付钓舟。

【注释】

① 平州：宣公元年（前608），鲁宣公与齐惠公会盟之地，后称会城。

② 野渡：郊野的渡口，如唐朝韦应物《滁州西涧》中有诗句"春潮带雨晚来急，野渡无人舟自横"。

③ 桡：船桨，小船。

④ 姜初：姜子牙被周武王封于齐地，为齐国之始祖。表海：临海，面向大海。《于华子》中云："且齐之为国也，表海而负隅。"田既移齐：即田氏代齐，指战国初年陈国妫姓田氏后代取代齐国姜姓吕氏成为齐侯。

⑤ 玉马：良马，比喻贤臣。《论语·比考谶》："殷惑妲己，玉马走。"唐代陈子昂诗云："昔日殷王子，玉马已朝周。"

⑥ 恨：遗憾。

延乡城①

宋剑秋

齐侯会鲁②知何日，汉帝封谭③尚纪年。

断壁犹存当日迹，残垒剩有旧城砖。

阳春杨柳鸣黄鸟，炎夏池塘绽白莲。

人世茫茫无定局，沧桑陵谷④任推迁。

【注释】

① 延乡城：即古会城，地址在今天桓台县起凤镇穆家寨东北。

② 齐侯会鲁：《左传·宣公·宣公元年》记载，鲁宣公和齐惠公在平州（即会城）会见，以稳定宣公的君位。

③ 汉帝封谭：《汉书·功臣表》记载，汉城帝永始四年封李谭为延乡侯。

④ 沧桑陵谷：比喻世事变迁。沧桑：沧海桑田的缩语。陵谷：陵，山陵；谷，山谷。丘陵变为山谷，山谷变为丘陵，比喻世事变化很大。

会城湖①

宋剑秋

夏庄东枕会城湖，柳绕烟环接蒲姑。

万顷荷花红似锦，一湖春水绿如铺。

平州故址残砖在，汉帝封侯事不虚。

历史茫茫何可问，鸥鸣鱼跃钓船孤。

【注释】

① 会城湖：又名会城泊，在马踏湖东面，经乌河与锦秋湖相连通。

（三）锦秋亭

锦秋亭，一名"东坡亭"，又名"东坡登临处"，在今鱼龙湾村东北2000米的李家台子。该地由三个不等的岛屿组成，地积约10亩，绿树成荫，四面环水，荷香苇荡，船梭往来，鸟鸣鱼跃，为马踏湖胜绝处。

传说，苏东坡在密州（现在的诸城）做刺史时，曾经到此湖游览，登上此台，环赏湖色，赞不绝口，于是赋《横湖绝句》。后来为纪念他在此建一亭，用此绝句后两句"卷却天机云锦段，从教匹练写秋光"的第六个字取名为"锦秋亭"。

据元朝于钦在《齐乘》一书的"锦秋亭"一则记载："锦秋亭，博兴东南城上，中统（元世祖年号，1260—1264）中邑人所建，取坡诗命名。"于钦乃元朝的兵部侍郎，曾乘船经小清河入此湖，饱览湖景，一日登上锦秋亭吟诵苏诗，心扉顿开，引起共鸣，于是感慨大发，挥笔写下了《锦秋亭》诗。

（四）鲁连井

鲁连井位于马踏湖内的华沟村中心，遗址在华沟十字路口往西60米路北20米处，直径1米多，相传为战国时齐国高士鲁仲连所凿。相传井旁立有石碑，整年香火缭绕。现井早已被填埋，石碑不知所踪。

1913年，村民宋程铭督工修复鲁连井，从井中掏出一块古砖，刻有"鲁仲连修"字样。宋程铭立石手书"鲁连井"，竖于井旁为记。此井旁有碑亭。内有石碑，碑上有"鲁连井"三个大字。石碑后面有铭文。据传，明代王象艮曾居于华沟，在井旁建有"遗清亭"，并题写匾额"鲁连遗清"。

在华沟有"先有鲁连井，后有华沟村"之说，据说此井有灵气，用井水兑酒，其醇厚之味不减。《新城县志》载："今华沟村古鲁连陂也。"（陂，《辞源》释为："泽畔障水之岸。"）这就是说，鲁仲连隐居在古为少海之滨，今为马踏湖的岸边。

据说，鲁仲连故居是坐北朝南的三间茅屋，井在其屋后。这里，背湖面渠，柳暗花明，清幽别致。后来毁于大水之中。

明初，宋氏自枣强迁移至此后，重建鲁仲连故居于其旧址。构筑的向阳门楼，青砖老瓦，古朴典雅。上面镌有"鲁仲连故居"五个大字。进得大门，花墙错落，垂柳拂地。穿过月门便是古居正三间庭房。房高3米，莒草苫成房顶，房内正面悬挂着鲁仲连画像。两旁有汪尊写的对联，上联："刃血攻聊已越年，竟凭儒术罢戈铤"；下联："田单浸逞烧牛计，一箭经输鲁仲连"。四面是历代名流题写的诗文，有李白的"古风"、赵孟頫的"咏鲁仲连"等。然而，昔日重建的鲁仲连故居，随着岁月的流逝，现亦不复存在，唯有那口老井，还在那儿向人们述说着鲁仲连当年之风流，显示着他蹈海就义的高风亮节。

（五）齐台

齐台原名柏寝台，位于华沟村西北3000米处。华沟人叫它齐家台子。如今，齐台遗址高出水面1.5米左右，形似乌龟，面积约100平方米。

齐国有个国君，是齐景公。据传，齐景公曾在齐台大兴土木，以满足自己声色犬马之娱，名为寝台。

齐景公是个昏君，只顾自己寻欢，不顾国家百姓，国势日微。

某天，齐景公与晏子先是乘船出游，后又到青丘射猎，带领手下倾力追猎，场面不免混乱，丢失良马一匹，以致闷闷不乐。晏子虽跟随打猎，然心中顾念国事，不免心生劝谏之意。劝君王不能多在此逗留，应及时起程返京。可是，齐景公丢失良马，本不高兴，又因欢娱没有尽兴，任何人是无法把他劝回的。齐景公就以再寻找一下那匹良马为借口，打发晏子先回去，自己却住了下来。

晏子走后，没了眼线，齐景公毫无顾忌，更为所欲为了。他白天射猎于青丘，晚上娱乐于寝台，纵情狂欢。一国之君抛朝政于九霄云外，齐国大厦颓倾，也就不足为奇了。

（六）青丘

1. 青丘介绍

青丘位于马踏湖华沟村北，当地人叫青子。相传，古时候青丘这块地高于其他的地块，形似乌龟状，能随水沉浮。冬春季节，水位下降，青丘高大耸立，夏秋之交，水位上升，青丘拍浮水面，但不能淹没。

史载：齐景公有马千驷，曾与晏子游于少海，青丘上野草葱郁，树木茂盛，野生动物多，野兔、野鸭、狐狸、猫头鹰、獾等常于此出没。

颜斶曾隐居于青丘，他在当时是位有名的贤士，齐宣王曾多次派人请他辅佐朝政，他都婉言谢绝，在这里过隐居生活。他在青丘上种田、养鸡鸭、捕鱼，与华沟村百姓和睦相处，当地村民常在青丘上歇息、谈心。颜斶得知村民有人贫困，就慷慨解囊相助。每逢春节，华沟村民会到青丘上给颜斶拜年。他死后葬于此地，故名青冢。后人为纪念颜斶，在青丘上筑一大平台，建颜斶祠以示怀念，所以又叫青凉亭或清凉寺。

颜斶祠匾额：无欲则刚

上联：少海容我静

下联：名利何所求

清初大诗人王渔洋写诗赞曰：

> 末世寡尚志，薄俗希乘轩。
>
> 岂不贵缥帛，形役神不全。
>
> 吾高颜夫子，抗节藐齐宣。
>
> 钟簴宁足论，殿上呼王前。
>
> 晚食与安步，讵以荣利迁。
>
> 监门良自贱，趋士理亦贤。
>
> 俯仰二千载，吊古悲荒阡。
>
> 墟墓绝樵采，清风激颓顽。
>
> 古道邈难作，悲哉东逝川。

据说，颜阖是古历三月十八日死的。为了纪念这位贤士，每到这天，湖区人们群集到青冢上祭扫颜阖墓。久而久之，形成庙会，俗谓之青冢子会。

2. 青丘相关诗词

青冢①

〔明〕王象艮

青丘秋日于田②，

胸吞云梦③八九。

今虽抔土④覆水⑤，

九尾野狐⑥堪薮⑦。

【注释】

①青冢：即古青丘。史书记载齐景公有马千驷，畋于青丘。后颜阖隐居于此，其墓名青冢。

②田：打猎。

③云梦：据记载，先秦时期楚国有一名为"云梦"的楚王狩猎区，其中有一个名为"云梦泽"的湖泊。汉代司马相如《子虚赋》中云："秋田于青丘，彷徨乎海外，吞若云梦者八九于胸中。"此处引用以夸张笔调写出当年少海的磅礴气势。

④抔土：一捧之土，极言其少。

⑤覆水：《庄子·逍遥游》中云："覆杯水于坳堂之上，则芥为之舟；置杯焉则胶，水浅而舟大也。"极言水之浅。

⑥九尾野狐：中国古代神话传说中的神兽，象征祥瑞，出自《山海经》："青丘之山有兽焉，其状如狐而九尾，其音如婴儿，能食人，食者不蛊。"

⑦薮：聚集。

清凉寺

〔清〕王士祯

朝日出浦口①，

遥见清凉寺。

深竹不逢人，

经声在空翠②。

【注释】

① 浦口：水边或河流入海处，此处指河水入湖的地方。

② 空翠：指碧空，绿色的树木或青涩的潮湿的雾气，此处可理解为湖光山色。

（七）胜处祠

胜处祠建于明嘉靖年间，是为纪念苏东坡和于钦，位于马踏湖内的李家台子。据记载，胜处祠有三间堂屋，重梁挂柱，花格棂扇，古朴雅致。大门上有匾额："胜处祠"，两边有楹联："波影同远山相照，湖光共长天一色"。

走进大门，影壁墙上刻有王象晋的五言诗：

急雨过湖上，青山列翠螺。

水添舟渡稳，人语鸟惊过。

白鹭依依下，红鹈灼灼多。

会城时隐现，沿岸有归蓑。

进到院内，祠堂门上面匾额："卷云泻练"。门上书有门联："缅于公战马，怀苏轼神笔"。祠堂内有楹联："两代家杰留胜处，一朝明公治锦秋"。大匾为："先忧天下"。祠堂正面分左右供奉苏轼、于钦二公牌位。

苏东坡任知密州刺史时，曾入马踏湖游览，对湖景甚为欣赏，当登上李家台子，身边虽无孟学士之词宗，王将军之武库，然饱览绿树红荷，畅谈战国历史，兴奋不已，赞不绝口，流连忘返，遂写下了赞湖名诗《横湖绝句》。

此诗把马踏湖的秋日盛景写入诗中，将马踏湖的湖光神韵传播开来。后来，为纪念这一文学家，湖区民众在此建亭一座，名为东坡亭。

元朝兵部侍郎于钦也曾游历马踏湖，并盛赞此处是舟楫交通，鱼稻成市。在其著作《齐乘》一书中也记载了当年东坡游历湖区时的情形。他自己也写过一首《锦秋亭》诗，此诗意境更为开阔。

清乾隆年间，翟翱知县开发湖区有功；刘大绅知县廉慈公正，爱民如子，人们又在此处设了二公牌位。两边有对联相对，翟公一边是："效李冰造起一道拦水坝"；刘公一边是："仿大禹开凿八里倒流水"。

而今，遗迹无存。

（八）颜子钓鱼台

马踏湖内有一高台，台上遍植杨柳，浓荫蔽日；台下广生蒹葭，芦涛阵阵。

战国时期，齐人高士颜斶不愿出仕，隐居于马踏湖以避乱世。日复一日，颜斶耕于陇亩，垂钓于碧波。后来发现此处高台，认为此处是垂钓的绝佳之所，于是在此钓鱼。一次，钓得一条硕大的鲤鱼，谓之鱼神，轰动当时。

后来，此台被称为颜子钓鱼台。

后人在台上建屋数间，以为纪念。此屋砖基、土墙，草檐、木楔，古朴雅秀。门上对联曰："兴到烹，茶邀月共；闻来者，酒对花斟。"门心对联曰："户对高山千古秀，门临锦水万年青。"横批曰："鸟语花香。"室内正面有清朝举人张汉渡撰写的中堂一副："潋滟湖光接水天，先生曾此钓鱼船。把竿笑傲轻钟鼎，万乘呼来竟不前。"两旁对联："琴棋书画人雅淡，风花雪月韵清高。"东西山墙有七绝四首，系邑人增生宋次中所作。其诗是：

> 左界青芦右界蒲，
> 渔家少妇不迷途。
> 撑船直入花深处，
> 戏折莲蓬赠小姑。

> 一夜西风起蓼洲，
> 鱼台日上渔千舟。
> 儿童亦窃慈亲线，
> 偷向水边下钓钩。

> 双双渔艇系柴扉，
> 又见瓜皮载罩归。
> 都说开凌鱼味美，
> 今年更比他年肥。

一层花树一层球，

灯系花枝红满洲。

怪得游人多傍水，

笙歌多半在湖楼。

台东北角有一条石探于水中，传为当年颜蠋钓鱼处。而今，颜子钓鱼台已不复存在。游人至此，只能慨叹"昔人已随碧波去，此地空余钓鱼台"。

（九）渔洋轩

崇祯末年，社会动荡，烽火连天。为避战乱，新城王氏家塾移至马踏湖青丘上。王渔洋7岁所作的那首诗，"湖绕古村潮绕篱，小船树下钓涟漪。荻城避世今何在，千古烟波话鲁陂。"就是在这里吟咏出来的。

清朝中期，王氏续修三贤祠时加修了"渔洋轩"。它在"徐夜书屋"前面，有北屋三间，其东山墙外有小拱门，可通往后院。此屋厦檐下，两柱有楹联，曰："醉爱羲之迹，狂吟白也诗"。

门口上方悬匾额，曰"陋轩"。屋内正面挂有王渔洋绣像，两旁有对联，曰："兴到神会得意忘言，不着一字尽得风流"。东、西、南三面墙上，悬有王渔洋自作之诗及历代名人书画。房中还陈列着他读书时的桌椅、文房四宝、《渔洋年谱》及著作。

甬道尽头是迎壁，东西各有走廊，转过迎壁出南门，门上有一匾额，题曰"渔洋轩"。

（十）翟公口、翟公闸

翟公，即翟翱。据《重修新城县志》载："翟翱，直隶绕阳人，以进士授新城令，在任三年（乾隆三年至六年），开夏庄稻田，遂为水利。调文登。"

1. 翟公口

在乌南村南北向中间位置，有一座分洪闸口，村民俗称"南坝头"。史载，此闸是时任新城知县翟翱在清乾隆二十五年（1760）主持所建。

古时的乌河下游河段，汛期，河水暴涨，常冲破河岸，淹没村庄和庄稼。当地百姓深受其害。知县翟翱便查勘地势，筹集善款，组织民众，向西开挖了东西向的疏水河，既分流了乌河的洪水，又解决了庄西地片庄稼的灌溉问题。

为调节控制河水流量，翟知县在乌河头主持建成闸口。闸口垒砌坚固，起放自如，两侧为白灰青砖的护堤墙，闸顶以青石铺成桥面。整个建筑状如展翅欲飞的大雁，傲立在乌河之上。

翟翻知县调任后，为了缅怀其关注民生的德行，村里将该闸口命为"翟公口"。

翟公口

2. 翟公闸

翟翻建的石闸，又曰"夏庄石闸"，在夏七村西。据《重修新城县志》载："夏庄石闸，在城北五十里夏庄北。乾隆二十四年（1759），巡抚阿尔泰奏《垦稻田》于此置土坝，以时蓄泄。后易以石，知县翟翻建立。"后人为纪念翟翻这位为官一任、造福一方的好县官，便称此为"翟公闸"。

乾隆时期，桓台县北部、东北部一带是湖洼荒地，有待开垦复耕为稻田，以解决这一带居民生活所需。山东巡抚阿尔泰按照新城知县翟翻的提请，于乾隆二十四年（1759）、二十五年（1760）两年内，数次亲赴夏庄一带观察，帮助制订湖洼荒地改治稻田的方案。根据实地考察的情况，按照挖渠引水归田与节蓄并举的方针，制订了一整套垦湖洼变稻田的方案。遂"垦稻田七十余顷，收获颇丰""农民争趋认垦""改垦日多"（见阿尔泰乾隆二十四年《新城等处营治稻田疏》）。

为了保证大面积稻田的用水，便以"乌龙河之水为众田所藉，应予为储蓄，始敷灌溉河之下游"。因此，便与翟翱协商建石闸。在阿尔泰与翟翱的垦荒方案成熟后，便于乾隆二十四年（1759）正式向朝廷呈上《新城等处营治稻田疏》，乾隆立即准奏。翟翱接到批文后，便立刻动工兴建了夏庄闸。

乾隆二十六年（1761）三月三日，石闸工地鞭炮齐鸣，欢庆修建石闸的人群欢声雷动。经过三个月的日夜奋战，一座气势宏伟、造型精美的石闸建成了。石闸完全用精细加工的方块石砌成，高10余米，长25米，分为中主闸与左、右两副闸。闸板用精选的松柏木制成，严密地镶在凿制工整的石闸槽内，副闸的每边建有溢洪道，大洪时起节制分流、减少石闸冲压力的作用。闸的西边划出1.7亩地，供两名闸夫以做工食之用；还建房五间，四面围墙，以做闸夫住所。

该闸在抗日战争时期毁于日军之手。

四、人物故事传说

（一）善有善报狗头金

狗头金，为一种富金矿矿石，是天然产出的、质地不纯的、颗粒大而形态不规则的块金。它通常由自然金、石英和其他矿物集合体组成。有人以其形似狗头，称为狗头金；有人以其形似马蹄，称为马蹄金；但多数通称这种天然块金为狗头金。

马踏湖风光秀美，物产丰富。但是，普通百姓的日子还是艰难。

相传，湖中有一户人家，父子相依为命，以捕鱼虾为生。虽然辛勤劳作，但只能维持生计，家无长物，仅有破屋一椽。

湖区深处，河汊纵横。身处其中，如同世外桃源。父子二人每天傍晚到村中集市上卖鱼虾，很少跟村民交往。人情世事不谙，乡里乡情少知。唯一拿手之事，就是对整个湖区的水族的分布情况了如指掌。所以每天下湖，不敢说信手拈来，却也从未失手。

爷俩每天一早下湖捕鱼，草屋虽破，却是不可或缺的栖身之所。为了看家，他们养了一只小黑狗，两人对那小狗很是疼爱。那小黑狗颇有灵性，看家护院甚是尽责，天天趴在草屋前，一有风吹草动就狂吠不止，从不允许任何人靠近。这让很多下湖干活、从草屋旁路过的人心生讨厌，又很难联系上这对父子，就算有时联系上了，这父子二人不谙世事，往往沟通无果。时间长了，就有恶人想置小狗于死地。

木棒打、笼子套、夹子夹、用药老鼠药，各种恶劣手段，始终没能除掉小狗。后来，有人就找到村里"名人"想办法。"名人"并非善良之辈，听闻，瞬间想出诡计。问那人："那小黑狗是公是母？"那人答道："公的。""名人"就指点说："那你带上只小母狗去，让小母狗把它勾引出来，你不就有办法整治它了？"恶人一听大喜，忙不迭地谢过。

第二天，那人从所养的狗中挑选了自认为最好的一条小母狗，便带上它下湖去了。到达那座破草房时，小黑狗依旧狂吠乱叫，那人就让小母狗到它前面，小黑狗不为所动，没有停止吠叫。那人甚是不解，悻悻而归。第二天，他不死心，又找到"名人"诉说昨日情况，"名人"告诉他再选个长得好的去试试。第三天，那人又从邻居家借了一条小母狗，带着去了。果然，小黑狗摇着尾巴围着小母狗转来转去，好似久别的老朋友。那人看到此景，心中狂喜。牵着小母狗准备引小黑狗离开，好把它处置了。谁知小黑狗围着小母狗转了几圈后，十分警惕地看着那人，当那人准备牵着小母狗要走时，小黑狗转身跑进了破草房，再也不出来了。反复多次，小黑狗依旧尽心看家护院。人们路过此处，在不厌其烦的狗吠声中日出而作、日落而息。父子俩还是继续过着打鱼摸虾的日子。

日子依旧艰难，但好在安宁。

忽一日，一大早小黑狗就围着主人转来转去并狂吠不止，父子俩并未注意到异常，照例下湖打鱼。傍晚回来时，他们没有看到小黑狗，四处喊叫寻找也没有见到小黑狗的踪迹。最后在破草房后面较远的地方，他们看到了已经死去的小黑狗。父子俩心疼得掉下了眼泪，把小黑狗埋在了离破屋不远的河岸边了。父子俩伤心了好久，儿子从此魂不守舍，天天念叨狗。

此后的日子又多了对狗的思念。

日月如梭，那个跟在父亲身后的少年，长成了和父亲并肩劳作的青年，已经到了成家的年龄。虽然身形魁梧，长相英俊，但是家中缺吃少穿的日子，阻碍了媒人的到来。

一日，两人还是像往常一样准备下湖，看到一个十八九岁的姑娘，朝着破草屋方向跑来，父子俩正纳闷时，就见那姑娘纵身跳入了湖中。父子俩什么都没想，急忙跃入水中把姑娘救了上来。父子俩询问姑娘，她紧闭双唇，眼泪汪汪，低头唉声叹气，自言自语道："还是死了好，还是死了好。"父子俩无计可施，只好暂时把姑娘安顿在破草屋里，好言相劝。怕这素不相识的姑娘再出意外，父子俩也没心思下湖了。到了傍晚，姑娘还是没有要走的意思，父子俩只好让她住在破草房子里，他们自己则在草房外面露宿一夜。第二天，姑娘终于开口了，说："感谢恩人救我一命，从此，我就是你们家的人了，我来照顾你们爷俩吧。"老爷子听后喜出望外，本意救人，并无他求，不料所救之人成了自己的儿媳妇，恍如梦中。

从此，这间破旧草屋平添了欢声笑语。父子俩照例下湖，那姑娘勤劳贤惠，将草屋收拾得干干净净，并在草房四周种植了很多蔬菜、粮食。

此后，这间草屋内添丁生子，日子也有了起色。

一天，儿子照例外出。他来到离家不远的一条河里，根据以往的经验，这条河里鱼很多，但当他下水后，就连一个小虾也没摸到。心灰意懒之际，突然摸到一块异样东西，当他拿出水面看时，顿觉眼前一亮，仔细一看，原来是一块像狗头一样的东西在发光。他从没见过这样的东西，小心翼翼地把它放在鱼篓中，立即回家，让老爷子还有媳妇看。媳妇看后告诉他："这是金子。"父子俩便傻了，好久才愣过神来，老爷子高兴地搂过孙子亲了又亲。儿子对着媳妇说道："都是你带来的福气，都是你带来的福气。"

原来，小黑狗死后，没有忘记主人对它的养育之恩，就托梦给那姑娘，说尽了父子俩的好话，并在梦中指示姑娘做出了跳河的举动，从中撮合了两个人的姻缘。那块酷似狗头的金子是小黑狗的狗头变的，为的是报答父子俩对它的恩情。

许多年来，湖区一直流传着这个善有善报的故事。

（二）红莲宇

传说，马踏湖东侧的会城泊内有一座红莲宇，而宇内住着莲花仙子的女儿——红莲姑娘。

泊内是一片广袤的水域。莲花仙子便在这里降临人间，养起了红莲，遂派她的女儿在这里看管。

在红莲姑娘的照料下，那红莲茂盛无比。每到盛夏，水上碧叶连天，红花映日，奇香飘逸，荷下碧波荡漾，锦鲤穿梭，甚是奇艳。野鸭不时从中游过，好似碧波仙境。

在会城泊岸边的夏庄，有位老翁，他无儿无女，靠捕鱼为生。生活穷苦，但为人忠厚，所捕之鱼多接济那些穷苦的邻里乡亲，自己只求温饱。邻里乡亲有困难，他总是义无反顾，但从不要乡亲任何回报。乡人给他取名叫"义渔翁"。

一天渔翁下湖捕鱼，中午时，骄阳似火，那渔翁忽然觉得又热又饿，便驾舟到附近岸边准备歇息。他突觉头晕目眩、天旋地转，随即不省人事，只记得吐了满满一舟。恍惚间，他看到荷塘中有一红衣女子快速走来。那女子眉清目秀，很不一般。渔翁挣扎着爬起来，试了几次，没能如愿。身子像灌了铅一样沉重无比，酸痛无比，只能趴在那里一动不动。

但见那女子走到渔翁面前，俯身在渔翁的耳边说道："老大爷你不必害怕，你病了，我来救你，你没有大碍，是天气太热，虚脱而已。"说完扶渔翁在渔舟上坐好，快速划舟而去。

渔翁勉强抬起头远远望去，前面不远处的荷塘上，耸立着一座大殿，那大殿金碧辉煌、红墙绿瓦。到了大殿门口，那女子扶起渔翁走向殿内。渔翁近前一看，只见大殿入口的门上方一块鎏金大匾，赫然写着三个大字"红莲宇"。渔翁早就听说过传说中的"红莲宇"，没想到今生今世，他真的来到了传说中的宝殿之中。渔翁用力抬起胳膊，擦了擦眼睛，端详着眼前的一切，不敢相信自己，又用力拧了一把脸颊，才大悟，自己不是在梦中，是真的来到了红莲宇。那女子也看出了渔翁的疑虑，宽慰道："老大爷不要惊慌，我是这里的主人，奉我母亲的指令前来救你。"说完就扶着渔翁进入了一厢房内，把渔翁扶上床，安顿好，微笑着说："老大爷你稍等片刻，我去给你煎药，很快就会好的。"说完这些，只见女子翩然而出。

很快，姑娘便端来了一碗汤剂，告诉渔翁："这是用鲜藕和莲花骨朵、嫩荷叶熬制而成的，你喝下就会好起来的。"渔翁听后努力抬起身子，把那碗汤剂喝下，立即感到神清气爽，身上轻快了许多。渔翁稍事休息，觉得身无大碍，感激之余便开口问姑娘尊姓大名。那姑娘掩面一笑说："我叫红莲，这些都是我该做的，只要你身体无大碍，老大爷不必放在心上。"说完又扶起渔翁把他送到渔舟上。渔翁回身想说点感谢的话，却发现眼前只剩下一望无际的荷塘，刚才的大殿、院落还有红莲姑娘都了无踪迹。

又过了几年，渔翁再次来到红莲宇附近捕鱼，突然发现乌云滚滚而来，眼看就要下雨，渔翁急忙驾船靠岸，顷刻间暴雨倾盆、电闪雷鸣，荷塘上碧绿的荷叶、粉红的荷花七零八落，一片狼藉。忽然，渔翁耳边传来了痛苦的呻吟声，循声看去，发现一女子蓬头垢面，面容憔悴，侧卧在荷塘里面。渔翁急速划船而去，扶女子上船。稍倾，女子向渔翁深深一躬说："谢谢你搭救之恩，小女子今生不忘，我就是这里的红莲姑娘，可能是上天来这里捉拿我吧。"说完便飘然而去，只剩渔翁孤零零地漂荡在一片狼藉的湖中。

渔翁清醒过来，仔细回想着刚才的一切，才慢慢明白，刚才的电闪雷鸣确是天界到这里捉拿妖孽的。看来是天界错把这里的红莲姑娘当作妖孽了。可能是因我这老头子刚好也在这里，上天不想牵连我，而没有更加肆虐。想毕，渔翁暗暗庆幸，高兴竟无意中救了红莲姑娘一命。

后来，渔翁和红莲姑娘互相搭救的故事越传越广。

（三）五十个大板

传说，夏庄村有一户人家，生活穷苦，母子相依为命。但是，母亲一直教育儿子要诚实守信，行善积德。

因为贫穷，又加上年事已高，母亲只能给地主家做点缝缝补补的针线活，得到一点报酬。

一年夏天，村里一地主之妻委托母亲做新鞋，给她送去了做鞋用的各种布料。母亲打鞋壳（qiào）子（做鞋底用的半成品——先扒下榆树皮，研磨成粉，加水和匀，调到黏稠状态，起到黏合的作用。然后把各种布料黏合在一起，放在阳光下晒干。做鞋时，用来做鞋底）时，地主之妻拿来的原料勉强够数，可做鞋帮的布料多了。母亲赶忙跑到地主家说明情况，地主之妻恍然大悟，说自己算错了，多给她布料了。地主之妻本怕这位穷苦的母亲贪污布料，特地在家精心算计核实，哪知丈量布料的时候，小儿子淘气，从整卷布料中多放出了一些，其母浑然不知，就给这穷母亲送去了。对于多出布料一事，穷母亲如实告诉了地主之妻。地主之妻甚是感动，但是为了自己的颜面，告诉母亲说："那是我特意多给你的，又不是多，顺便给你们母子做双新鞋吧。"母亲诚心婉拒了其"好意"。从此，地主一家对这对苦命的母子刮目相看。这母子二人耿直诚实的为人也一传十、十传百地在村中传开了。

儿子成年后，媒婆登门提亲，与一个同样苦命的女孩喜结良缘。婚后，他们过着男耕女织的生活。男人给地主家打长工，天天在地里拼命劳作、诚实憨厚；女人给地主家做用人，心灵手巧，以纺织为主，也帮忙做杂活；母亲继续给地主家缝缝补补。一家人虽过着衣食无着的贫苦生活，但三口人的诚实勤劳，乡邻们看在眼中，夸在嘴上。

两年后，他们的儿子降临人间，全家人开心不已。可是，因为要照顾儿子，妻子再也不能去地主家做工了，家里的生活更加困难。就在这时，邻居家也添了孙子，但是，由于奶水不够，小孙子饿得整天嗷嗷大哭。一家人急得如热锅上的蚂蚁，不知怎么是好。母亲听说后给儿媳妇讲了邻居家的困难，儿媳妇二话不说，跑到邻居家抱起邻居家的孩子就给他喂上奶水，就这样，她用那干瘪的乳房哺育着两个孩子。

这年腊月三十，男人给地主家燃放完除夕的烟花鞭炮，闷闷不乐地回家。因年关难度，郁闷愁苦，不知不觉，沿着坎坷的小路一路前行，走到村外。突然，狂风大作，他抬头一看，一座座崭新的四合院出现在眼前。这些院落朱门大开，院墙高耸。其中一个门前场地上散落着满地的金银珠宝，像人家摊开晾晒一样。他看四下无人，快步上前，急忙抓几把放入口袋。这时院墙内有人说话："他爹，阴天了，你快把咱家晾晒的金银珠宝收起来吧。"接着是男人的回答："不急，我已让长工收了。过年了，没跟你商量，我还赏了他五十个大板（铜钱），让他回家过年去了呢，他们一家多不容易呀，老的老，小的小。一家人名声那么好，我本打算多给他一些，他硬是不要。天底下再也找不到这样的好孩子了。"听此言，他打了一个寒战。等回过神来，眼前却是荒凉一片，原来是在荒芜的会城跟前。回想刚才听到的要他回家过年，他大步流星地朝家的方向赶去。

回到家，家人在急切地等着他。他把刚才发生的一切如实相告，顺手一摸自己的口袋，里面果真有五十个大板。母亲、妻子不相信，当晚到地主家核实。地主老爷听完这神奇的一幕，长叹一声："这是上天对你们一家的眷顾呀，你们行善得报应了！得报应了！回家吧，好好过你们的日子吧！"

说完，地主老爷面对母子深深地鞠了一躬。

从此以后，地主老爷变了，不再斤斤计较，逐渐行善事了。

（四）武举魏奎

武魁碑

魏奎是光绪二十四年（1898）科武举。魏奎中举后，朝廷委以重任，任兵部侍郎兼都察院副都御使，巡抚山东等处，督理营田兼提督军门，节制山东全省军务。

光绪二十二年（1896）夏天一个深夜，起北村魏田熙家中，5匹马、10头牛被盗，家中仆人发现大门敞开，门口内有一纸条曰：贵主，马5匹、牛10头，师爷牵走，河北沧州郝庄，十字街往南五十步，郝志青院中恭候。魏田熙看罢字条，心里明白，沧州出大盗贼，方圆几千里闻名，何况留下地址，一定是武艺高强出众，前来戏弄挑衅。魏田熙跑到魏奎家中说明来意，魏奎当即备好盘缠，让小师弟刘戒随同，朝河北沧州方向一路行来。

二人来到沧州郝庄门口，把郝志青写的纸条递交给仆人，郝志青令仆人引二人进入深宅大院，拴好马。院内地面是用青方砖铺地，刘戒踱方步，一步踢出一块方砖，交叉踢出一趟至堂屋前。魏奎走到习武场，看到一趟习武桩，遂一套拳脚打下去，一脚一个，全部放倒。他们至郝志青堂屋前时，见一名烧水人把扫帚的竹子用手捏碎后放入灶内焚烧；堂屋廊檐下，一人身材高大，斜

43

靠在廊柱上，傲气十足。魏奎靠近廊柱下，一手提起廊柱，另一只手将靠在廊柱上的人的长衫衣角压在廊柱下端的石墩上面，其人此时惊觉，往一边急忙躲闪，刺啦一声，长衫被扯掉一半，连忙拱手道："师爷请。"

魏奎、刘戒二人被请至堂屋内分主宾坐定，原来被扯掉衣衫的便是主人郝志青，郝志青请来几个弟兄陪同魏奎二人聊天。中午设宴，仆人端上两盘生牛肉。突然，一人用尖刀叉起一块牛肉说："魏师爷，请品尝。"魏奎张嘴便接，嘴上用力，尖刀被咬成两截，魏奎用力一吐，半截尖刀连肉叉在宴桌中央。郝志青及陪同人惊得瞠目结舌，起身道歉："师爷请息怒，谅涵，菜不可口马上换。"仆人忙端来鱼、鸡、参等美味佳肴，菜品十分丰盛，觥筹交错，酒至兴致，郝志青站起曰："魏师爷、刘师爷，小弟一时冒犯二位，请高抬贵手，大人不计小人过，敬酒赔罪，完璧归赵。"魏奎回家三日，马牛送到。

（五）一根筷子定县界

传说，乾隆皇帝小的时候，有个奶妈。这奶妈有个孩子，比乾隆大两岁，名叫绳武。由于奶妈要照顾皇子乾隆，无力再去照顾自己的绳武，绳武就略显瘦小。后来，乾隆慢慢长大，了解到最疼爱自己的奶妈为了自己耽误绳武成长时，执意要见这个未曾见面的绳武。皇上不得已答应了这一要求，奶妈把绳武带到皇宫。两人互生相见恨晚之意。从此绳武在皇宫留了下来，形影不离。后来，皇上下令招绳武为乾隆的陪读，可绳武不喜读书，只喜练武，几年下来，学业没有长进，武功大有长进。天天陪伴着乾隆舞刀弄枪，出外狩猎，深得乾隆喜欢。最终绳武科举不第。

后来，乾隆登基，念及旧情，封绳武为新城县令。凭在皇宫中历练的经验，胸无文墨的绳武把新城管理得很好，人民安居乐业。

有一年乾隆皇帝到江南微服私访，途经济南府，突然想到儿时的玩伴绳武，便改道来到新城县见多年未见的好朋友。听说新城县在绳武的管理下，百业振兴，乾隆甚是高兴，大加赞赏，决议在新城逗留几天，实地看看绳武的治理成绩。绳武知悉皇帝的性格，便直接带他到了有"北国江南"之称的会城泊。博兴县令听说此事，马不停蹄，急速赶到会城泊，给皇上请安问好。

绳武一边陪同皇上游玩，一边侃侃而谈，以显示自己的治理成绩。这令博兴县令气愤难当，但碍于这君臣二人的关系，又不敢直言，只好默默地随从在一旁。博兴县令暗自思忖，想到两县之间县界尚未有定论，就想伺机让皇上做个了断。

时至中午，皇上用膳。菜香酒酣之际，博兴县令便委婉地说出了新城县和博兴县两县的边界争端问题，请皇上裁决公断。乾隆皇上兴意正浓，随手拿起酒桌上的筷子，在酒桌中间的鱼床上一放，说到：此是新城、博兴的边界，就此停止争执，握手言和，各自管好自己的臣民，勿让百姓互相为敌。

君无戏言。乾隆言毕，两个县令面面相觑。绳武虽觉得气恼，但无言以对，博兴县令却暗自高兴。县界问题再无争讼。

从此，两县就像乾隆皇帝希望的那样握手言和了。直到今天，这一传说在马踏湖桓台、博兴交界处的村庄仍广为流传。

（六）正月十五放河灯

1. 放河灯介绍

正月十五放河灯

马踏湖区至今流传着农历正月十五元宵夜放河（荷）灯的习俗。

古人有诗云：元宵祭耏河，灯月又一年；龙灯蟠古桥，莲灯绕彩船。写的是古代耏河正月十五闹花灯的盛景。耏河，古水名，今山东淄博西北，即马踏湖一带。

故事一

相传，在明朝初年，拥有天时、地利、人和的马踏湖畔的人们，过着男耕女织的幸福生活，男人们打鱼摸虾、种蒲养藕、放鹅养鸭。女人们相夫教子、编席织布、勤俭持家。湖区人们靠着自己勤劳的双手，过着自给自足的生活。

即使在隆冬时节，天寒地冻，湖面冰封，湖区人们仍然依靠自己的智慧，凿冰捞鱼。

正月十五这天，有人半夜就起来准备下湖凿冰，因为早起，还未十分清醒。行走间，突然看到了奇异的景象。远处，湖中心灯火辉煌，金光闪闪，高楼林立，车马不断，火树银花，锣鼓喧天，人来人往，欢歌笑语。湖中河道，小船穿梭不断，船头，人们高高站立，正奋力擂鼓，敲锣打镲；船尾，有人半坐半站，点燃手中莲灯，放入水中，莲灯随水流动。那莲灯有的白色，有的粉色，内有烛光透出，在月夜的背景下，甚是好看。

渔人被突如其来的一幕惊呆，赶快回村喊来乡邻观看此盛景。一传十，十传百。一会儿，就万人空巷，湖中人山人海，大家不顾冬夜寒冷，兴高采烈，欣赏着眼前美景。

这时，有人看到了更为奇异的一幕，高楼大院中，一位仙姑身穿荷形彩裙，手拿莲花，缓步走出，她高高举起手中的莲花。刹那间，莲花光芒四射，青冥浩荡。湖面上，鹅鸭成群。岸边，绿树成荫。水中，蒲草繁茂，芦苇葱翠，荷花满塘。这时，仙姑高声喊，道鹅鸭城庆典开始了。

看到此景，村民全都跪倒磕头。神奇的是，当人们抬起头后，仙姑早已不见了踪影，鹅鸭成群，绿树成荫，蒲草繁茂，芦苇葱翠，荷花满塘的奇景也消失殆尽。

从此，人们便在湖中李家台子建了一座庙宇，给仙姑塑像，她手持莲花，面目慈祥，站在那里，像是在给人们祈福。

之后，每逢农历正月十五，湖区人们便制作各种各样的莲花灯，放进湖中，以表示对仙姑的纪念，也期盼新一年的生活更红火。

乾隆七年（1742）这里设了灯节。每逢元宵佳节，这里便是天上明月高挂，湖中荷灯争辉。若是丰年，村民更是临水祭河神、湖仙，盛况空前。

故事二

湖区夏庄历史上，乌河两岸民众往来仅靠一座木桥，多有不便。至光绪六年（1880），由乡士田锡秉倡议，集众人之力，改木板桥为土石大桥。自此，两岸往来方便，百业更振，民众欢庆，便于那年元宵节，在新桥桥头燃放烟花，在桥边河面上放流荷灯，以表欣喜之情。此后，每逢元宵佳节，夏庄都要在桥头及附近河面举办盛大的烟花荷灯晚会。这正月十五放河灯便又多了一层含义。

　　元宵之夜，人们手捧荷灯，虔诚默念，把荷灯轻轻放入水中，双手叠放胸前，许下一个心愿。让仙姑保佑一方百姓平安，风调雨顺。空中，月光朗照，水上；荷灯流漂；岸边，百姓欢庆，一片欢乐祥和。

2. 放荷灯相关诗词

马踏湖放荷灯（七律）

王树武

皓月当空映湖中，碧水荷灯傲苍穹。

千舟竞发龙腾跃，万家灯火如潮涌。

似梦似幻非凡影，犹如众仙闹月宫。

歌舞升平万民乐，国泰民安千秋颂。

秋夜放荷灯

张明

渔家秋夜放荷灯，彩莲万朵照天明。

渔哥轻舟碧波上，水妹船头织群星。

才见冰山礼花绽，又闻少海起歌声。

水乡胜景惹人醉，未饮琼浆已朦胧。

五、"家乡传说"综合美育活动

【活动名称】

"我为家乡代言"之二：收集整理家乡传说。

【活动目的】

了解家乡历史，提升文化自信，传播家乡美名。

【活动用时】

半学期。

【涉及学科】

历史、地理、语文。

【活动方案】

1. 成立"收集整理家乡传说"活动小组

小组成员要分属不同地域，每个地域的学生不宜过多，以便覆盖全县。

2. 确定分工

小组内不同成员分别负责不同区域，合起来正好覆盖全县。

3. 活动方式

走访家乡长辈，查找家乡史料，请教历史老师，登录家乡政府网站、家乡旅游网站，查找不同年代地方志等。

4. 活动过程

（1）通过各种方式收集资料。

（2）小组成员定期交流。

（3）按照统一的格式布局，将收集的资料整理成文章，尽量附有图片、原文等资料。小组成员互相审阅、修改，然后定稿。写成文章或者做成PPT、视频等。

5. 成果展示

开展"家乡传说"活动，在班级内讲述家乡传说。借助学校讲坛平台讲给全校同学，在学校公众号发布，在网络平台发布。

第四章

马踏湖人物

马踏湖被称为"北国江南"，有自然因素，更有人文精神。无论是历代先贤还是劳动人民，都在马踏湖的历史长河中泛起一朵又一朵璀璨的浪花，永远驻足在我们心中。

一、鲁仲连

（一）鲁仲连介绍

鲁仲连（约公元前305—前245），战国末期齐国人，又叫作鲁仲连子、鲁连子和鲁连。鲁仲连是战国末期齐国稷下学派后期代表人物，著名的平民思想家、辩论家和卓越的社会活动家。鲁仲连是今天聊城市茌平县人。鲁仲连生于聊城，学于临淄，隐居于今桓台锦秋湖附近。

战国时期，群雄并起，"邦无定交"。百家争鸣，"纵横"家们奔走于各诸侯国之间，以求重用。列国国君则"礼贤下士"，以图壮大自己，削弱甚至消灭他国。这就形成合纵连横之说。鲁仲连是"合众弱以攻一强"的倡导者，但他与一般辩士说客不同。他曾这样说："彼秦，弃礼义而上首功之国也，权使其士，虏使其民，彼即肆然而为帝，过而遂正于天下，则连有赴东海而死耳，吾不忍为之民也！""所贵于天下之士者，为人排患、释难、解纷乱而无所取也。即有所取者，是商贾之人也，仲连不忍为也。"这说明鲁仲连当时的主张、行为是为人排患、释难、解纷乱，不是为了求得时君的重用。所以，鲁仲连义不帝秦，说魏救赵，辞五城千金不受，别平原君而去，隐于少海之侧，即现在的华沟村。

华沟村，史称鲁连陂，传说中的鲁仲连故居位于村中，因鲁仲连避秦隐居于此，又称"鲁仲连避秦处""鲁仲连遗清处"，院内有井，人称"鲁连井"。《济南府志·通志》记载，鲁仲连故里在新城县东北锦秋湖旁。《新城县志》云：今华沟古鲁连陂也，在锦秋湖北岸，相传为鲁仲连故居。邑人布政史李廷寿，知府宋锐皆奋迹于此，王姚安、王象艮，卜筑其上，榜之曰"鲁连遗清"。《新城县续志》云：鲁连井，在华沟，相传为鲁连所凿。明朝天启年间的《新城县志·人物篇》记载：鲁仲连，千乘人，新城之华沟，旧称鲁连陂其故居也。《山东通志·疆域志·古迹篇》载：鲁连陂在县东北锦秋湖旁，相传为鲁仲连故里，陂上有鲁连井。

这些在史料中可见的鲁连陂、鲁仲连故居、鲁连井，早在明代已无迹可寻。明代中后期，在当地名士王象艮、王象春等人的倡导下，又建起"鲁仲连避秦处"。据介绍，该建筑向阳支门楼、门框上面有嵌入襄基墙里的大砖，刻有"鲁仲连避秦处"六个正楷字。院内正堂三间，堂内正面悬有鲁连画像，像上横幅，上书"鲁连遗清"四字。画像两侧条屏数幅，历代逸士诗文，行、草、隶、楷皆备。满院古松翠竹，古色古香。过院东侧入后院，鲁连井居东北角。清朝末年淘此井时捞取一石，上刻"鲁连凿"三字。只是明代复建的这些人文遗存早已不复存在。只留有一通石碑，碑上阴阳两面的隶书字样清晰可认，铭记了这里曾有的古贤遗踪。

马踏湖五贤祠大殿两侧的楹联曰："不帝秦，不王前，不忘汉室，各有大名垂宇宙；斥腐儒，斥曲学，斥退公孙，常留正气在人间"。起首的"不帝秦，不王前"就是赞颂的鲁仲连。祠堂内，鲁仲连塑像端居正中。文字介绍最后说："湖区村民，奉（鲁仲连）为贤人，造祠塑像，以期永垂不朽。"

（二）鲁仲连故事

义不帝秦

长平大战后，秦攻赵，魏国援军作壁上观，魏将辛垣衍游说平原君劝谏赵王放低姿态尊秦王为帝，以换取秦国退兵，鲁仲连舌辩辛垣衍，震动赵国庙堂，大大激励了赵军保家卫国的士气，加上信陵君窃符救赵，秦军败走。后平原君欲给予鲁仲连封地作为报答，鲁仲连拒绝了。据记载，鲁连笑曰："所贵于天下之士者，为人排患、释难、解纷乱而无所取也。即有所取者，是商贾之人也，仲连不忍为也。"遂辞平原君而去，终身不复见。

遗燕将书

战国末期，燕将骑劫被齐军田单以"火牛阵"击败，燕军败走。当时驻守聊城的守将因惧怕回国被杀，仍固守聊城，田单数次攻城不下，损兵折将。鲁仲连以一封《遗燕将书》箭射聊城，劝解燕将放弃聊城，回燕或投齐，最后，以管仲和曹沫的事迹为例，说明规小节者不能成荣名，恶小耻者不能立大功。据记载，燕将见此书，大哭三日，犹豫不决，最终自尽而死。田单趁机收复聊城，鲁仲连再次拜谢官爵，隐于海上。

聊城乱，田单遂屠聊城。归而言鲁连，欲爵之。鲁连逃隐于海上，曰："吾与富贵而诎于人，宁贫贱而轻世肆志焉。"鲁仲连希望为这个杂乱的世界做点力所能及的事，想要列国停止纷争，想要百姓安居乐业，所以他竭尽全力，按照自己认为可以解决问题的途径行事。可是田单屠城，鲁仲连目睹万千百姓因自己的举动丧命，心灰意懒，越发对自己前行的方向感到迷茫，明明才华横溢，舌辩无双，却救不了天下，他只有隐于海上避世。

（三）鲁仲连相关诗词

鲁仲连①
〔晋〕左思

吾希②段干木③，偃息④藩⑤魏君。

吾慕鲁仲连，谈笑却秦军。

当世贵不羁⑥，遭难能解纷。

功成耻受赏，高节卓⑦不群⑧。

临组⑨不肯绁⑩，对珪⑪宁肯分。

连玺⑫耀前庭⑬，比之犹浮云⑭。

【注释】

① 鲁仲连：此诗是左思《咏史》八首之一。左思（约205—305），字太冲，齐国临淄（今山东淄博市临淄区）人，西晋著名文学家。出身寒微，自幼其貌不扬却才华出众。晋武帝时，因妹左芬入宫为妃，举家移居京都，以十年

时间写成《三都赋》，一时间洛阳为之纸贵。其《咏史诗》《娇女诗》也很有
名。其诗文语言质朴凝练。

②希：仰望，仰慕。

③段干木：名克，封于段，为干木大夫，故称段干木。春秋末战国初晋籍
魏人。其数名好友先后为将，唯段干木隐居穷舍，不受官禄。魏成子极力推荐
段干木，魏文侯月夜登门拜请段干木。他遵从"不为臣不见诸侯"的古训，越
墙逃避。文侯求贤若渴，每过段干木家门，扶轼致敬，以示其诚，终于感动了
段干木，得以相见。

④偃息：安卧。

⑤藩：屏蔽，保护。《汉书·幽通赋》："木偃息以藩魏兮，申重茧以
存荆。"

⑥不羁：不受笼络，不受约束。

⑦卓：崇高。

⑧不群：才德超出寻常，与众不同。

⑨组：古代官员佩带官印用组，后用作官印或做官的代称。

⑩绁：系，拴。此句是说：鲁仲连面对高官原禄的封赏，毫不动心。

⑪珪：古代帝王诸侯举行礼仪时所用的玉器，上尖下方或上圆下方。

⑫连玺：并联的官印，代多种官职，官高位显。

⑬前庭：正屋前的庭院，指门庭、门楣。

⑭浮云：喻轻视。如《论语·述而》中"不义而富且贵，于我如浮云"。

咏鲁仲连

〔唐〕吴筠①

仲连秉奇节，释难含道情②。

一言却秦围，片札③降聊城。

辞金义何远，让禄心益清。

处世公已立，拂衣蹈沧溟④。

【注释】

① 吴筠，唐华阴（今属陕西省）人，先是隐居南阳倚帝山，后来入嵩山为

道士。

②道情：道义，情理。如韦庄《江上村居》诗："本无踪迹恋柴扃，世乱须教识道情。"

③片札：一封简短的书信。战国时期，齐将田单率军收复被燕军占领的国土，唯独聊城久攻不下，鲁仲连写信给燕国将领，燕军于是弃城投降。

④蹈沧溟：隐居海上。蹈，投身。

古风十九首（其十）①

〔唐〕李白

齐有倜傥②生，鲁连特高妙③。

明月④出海底，一朝开光曜⑤。

却秦振英声，后世仰末照⑥。

意轻千金赠，顾⑦向平原笑。

吾亦澹荡⑧人，拂衣⑨可同调⑩。

【注释】

①古风十九首（其十）：这首诗是李白借书写鲁仲连的故事及对其"倜傥""澹荡"的景仰，表达了自己渴望建功立业的政治理想和热爱自由、淡泊名利的人生理想。

②倜傥：卓绝不凡。如司马迁《报任安书》："唯倜傥非常之人称焉。"生：古代对男子的尊称。

③高妙：杰出，出众。齐国有个卓越不凡的士人名叫鲁仲连，他的才气十分杰出。

④明月：指夜明珠。《淮南子·说山训》中云："珠有夜光、明月，生于蚌中。"

⑤光曜：光辉。

⑥末照：余光，余晖。

⑦顾：回头看。

⑧澹荡：淡泊自由，不慕名利。

⑨拂衣：振衣而去，表示决意归隐，如晋代殷仲文《解尚书表》中"进不

能见危授命，忘身殉国；退不能辞粟首阳，拂衣高谢"。

⑩ 同调：志趣相合。

过鲁仲连墓

〔明〕王象艮①

诅②忍蹈东海？谁思强帝秦。

孤城一飞矢，六国有心人③。

侠气海山岭，孤坟湖水新。

宁论④五伯⑤业，那减掷轻尘。

【注释】

① 王象艮（1563—1642），字伯石，又字思止，号定宇，系清代诗宗王渔洋之堂祖爷。明万历年间，以明经（选贡）为南京国子监典簿，历任河南颖上、洛南知县，姚安府同知。他还曾亲建了鲁仲连祠，并亲题匾额"鲁连遗清"四字，以颂扬鲁仲连有胆识、仗正义、乐于扶危济困、为人排难解纷的高风亮节。

② 诅：何，岂，难道，表示反问语气。

③ 有心人：专心注意被人忽略的事物的人。

④ 宁论：难道还需评论吗？

⑤ 五伯：五霸。

二、辕固

（一）辕固介绍

五贤祠大殿内供奉着一位历史名人——辕固。

辕固，又名辕固生，西汉齐郡西安县（今淄博市桓台县）人，早年是清河王刘乘的太傅，景帝时为《诗经》博士，著名的"齐诗学"创立者。

辕固对中华文化史的贡献，一是精通儒家经典，筑台授徒，桃李满天下，形成了一个庞大的《齐诗》学派，史称"诸齐以《诗》显贵，皆固之弟子也"，对儒家学说的传承和发展发挥了非常重要的作用；二是在"罢黜百家，独尊儒术"的确立过程中做出了突出的贡献。

辕固出生在齐国，齐国是六国中最后一项被秦国灭亡的国家，著名的"焚书坑儒"事件发生在公元前213年和公元前212年。这时候，辕固已经是青年，学习《诗经》，是他作为儒生的一项重要内容。"焚书坑儒"，焚毁的是物质的《诗经》，扎根在辕固记忆深处的《诗经》则是永恒的。所以，当汉朝建立以后，学问兴起，辕固把《诗经》整理下来，是一件必然的事情。

（二）辕固的生活年代

《史记》和《汉书》上均有记载，在这两处记载中，都有汉武初年、年且九十的说法，但并没有具体说明。

《史记》记载："今上初即位，复以贤良征固。诸谀儒嫉毁固，曰'固老'，罢归之。时固已九十余矣。"《汉书》大体相同。"今上"二字指汉武帝。"已九十余矣"这句话表明了辕固的生活年代。汉武帝即位时间是公元前141年，这时辕固"九十矣"，以此推算，辕固的出生年代是公元前230年前后，他的卒年是公元前141年以后。

（三）辕固的故事

与黄生辩论

给汉景帝做博士的时候，与黄生辩论道家学说和儒家学说的是非。

道家也叫黄老之学，诸子百家之一，打着黄帝和老子的旗号，实际上是尊崇老子的主张。汉景帝的母亲窦太后尊奉黄老之学，她要求皇帝要读黄老之书，太子也得读。虽然汉景帝崇尚儒家学说，但由于他母亲的原因，他也没办法去改变。

辕固与黄生的辩论就发生在这个时候，辩论的主题就是商汤、周武王取代前朝是尊奉天意还是以臣弑君。辕固认为商汤代替夏桀、周武王代替商纣王，是顺应天意、顺从民意，是正义的、正确的。但是黄生认为商汤和周武王取代夏桀和商纣王，是以臣弑君，是犯上作乱。辩论中，黄生顾此失彼，留下了漏洞。辕固采取以子之矛、攻子之盾的方法，反驳黄生。辕固说，要照你这么说，汉高祖刘邦夺了秦始皇的天下，这怎么解释呢？把话题一下引入现实政治中，使黄生无话可说。这场论争为汉景帝尊崇儒家学说提供了理论依据。

窦太后知道后，召见了辕固，拿了一本《老子》，问辕固是什么书？辕固也很不客气，就说"此是家人言耳"，说这本书是老百姓看的书。窦太后听后恼怒至极，把辕固扔到野猪圈里，让辕固跟野猪搏斗，想要借野猪杀掉辕固。这时候幸亏汉景帝给了辕固一把剑，辕固一剑刺中了野猪的心脏，有惊无险。从这以后，汉景帝把辕固调到清河国去做国相，就是清河王太傅。

辕固力挫窦太后

汉景帝非常器重辕固，封他为博士。

一日，汉景帝和晁错、辕固正商谈国事，侍从来报："窦太后、窦将军、梁王来朝见陛下。"话音未落，三人已至。窦太后是汉景帝的母亲，窦将军是窦太后的侄儿窦婴，梁王是汉景帝的弟弟刘武。三人朝见圣上，国事谈不成了，晁错和辕固要告退。汉景帝笑道："二位爱卿不必如此，快来入席，随我陪同太后、梁王喝几杯。"晁错和辕固不好推辞，只得在下首坐下。

汉景帝易动感情，自弟弟梁王去了睢阳封地，彼此很少见面，今日相逢甚是高兴，不由自主豪饮至醉。窦太后见此，更是欣喜。辕固却有些不坦然，因为刚才在议论削减诸侯势力，汉景帝同意了减去吴王的一个郡，下一个针对的就是梁王。梁王接受贿赂，私自卖官，罪行不少，处置起来远重于吴王。思考间，听闻窦太后对汉景帝说："你弟弟长得跟你一模一样，你俩坐在一起，分辨不出哪是皇帝，哪是梁王来。"汉景帝饮酒已多，又加上平日喜欢小弟，今天又想讨好母亲，就说："将来我就把皇位传给弟弟吧！"

梁王知是玩笑，不过哥哥这么说，自己还是觉得开心。但窦太后却信以为真，她要汉景帝立约。此时，辕固知道关系重大，忙笑道："天下是皇帝的天下，自古，皇位都是传给儿子，哪有传给兄弟的？"他双手举起杯，说："酒席宴上兴罚酒，皇上说错了话，请饮一杯！"汉景帝笑着，把那杯酒喝了下去。窦太后甚是愤怒。

由于削减诸侯封地，引起诸侯不满。尤其是吴王，早就有造反之意，借此串通楚王、赵王、胶西王等，一起举兵要打进长安。这就是七国之乱。

形势紧张，汉景帝遣人召辕固进宫，询问应对之策。辕固神情自若，答道："陛下，这有何难？汉文帝临终嘱咐，国内若有变乱，可拜周亚夫为将军。"汉景帝恍然大悟："先君是这样说过！"辕固说："依臣之见，拜周亚夫为太尉，让他率领兵马去对付吴王和楚王。"汉景帝又问如何应对胶西王、胶东王。辕固道："可让窦婴将军率领兵马去对付；臣不才，去齐、燕诸国，劝说他们发兵平乱。"汉景帝对辕固言听计从。

不到三个月，七国叛乱平定。庆功宴上，文武畅饮庆贺，窦太后对汉景帝说："你弟弟不顾生死，奋力抵抗吴、楚的进攻，真立了大功！"汉景帝说："我已赐给他天子旗，车马也装饰得跟我一样。"梁王毫不知足地说："说到家也不是真正的天子啊！"窦太后顺势接上话："先前，你曾说将来把皇位传给弟弟，这'将来'是何时？依我说，现在就在满朝文武前发话，让他做天子吧！"辕固听罢，走到汉景帝面前双膝跪下，情恳意切地说："万岁，如果真传位给梁王，臣愿带领一家老小回到乡野，永不入朝为仕！"梁王也跪下，说："万岁，辕固和晁错是同党，账还未及算清啊！"

窦太后厉声问道："辕固主张削减封地，惹来天下大乱，可知罪吗？""臣无罪！"辕固斩钉截铁地回答过后，心想：为了社稷不遭危亡，黎民不受涂炭，就是满门抄斩也不足惜。不过，我要在皇帝和众臣的面前把是非曲直道个明白，死也要死得光明磊落。他理直气壮地说："削减封地，汉文帝时就准备实施，陛下完成了先皇未竟大业，是励精图治、富国强民的一个壮举。合乎民心，顺乎民意，因此得到了天下人民的拥护。吴王造反，蓄谋已久，而今，不过以此为借口，蛊惑人心。如若不然，吴王说'只要杀了晁错，就偃旗息兵'，梁王得知此事，星夜奔至京城禀奏万岁，结果晁错被杀后，吴王非但不偃旗息兵，反而联合七国大举进犯，这难道能说是削减封地惹来的天下大乱吗？"

提起晁错，汉景帝异常难过，说："晁错的确是忠臣，我中了吴王奸计，失去了一个得力的臂膀，悔煞人也！"窦太后见汉景帝把责任全承担起来，以为没有梁王的过错，让位是顺理成章了，于是夸奖说："梁王骁勇无敌，率领兵马打败吴王，这是天下人有目共睹的！"

"梁王确实有功！"辕固把话锋一转，"不过，他为什么要昼夜苦战，拼命厮杀呢？他许诺窦将军说：'我若登基，给你个一品官做。'他还告诉周太尉，吴王来抢他天子之位，岂有此理！等天下太平，大哥若不把位让给我，我就叫他坐不成！"

听到此，汉景帝面带怒色，突然问道："周、窦二位将军，果有此事？"

周亚夫和窦婴立即跪道："回奏万岁，辕博士句句实言。"

辕固说："汉文帝在位二十三年，宫殿、花园不增加一点，车子、衣着很节俭；废除连坐法和肉刑，减轻田税赋役，使生产有了很大发展，老百姓也得到休养。举国臣民无不爱戴，因此崩后被尊为孝文皇帝。皇上自登基以来，待臣亲善，爱民如子，社稷蒸蒸日上。而梁王，自到睢阳，大兴土木，挥金如土，造嬉戏场，修大花园，建筑楼榭亭阁。宴饮作乐，终日不理政事，若即位，能成为开明的君主吗？"

这时，满朝文武跪在汉景帝面前，齐声反对，且以宋宣公传位给兄弟，害得宋国祸乱若干年为例，恳祈皇上莫学宋宣公。汉景帝如大梦初醒，才知今天多亏辕固犯颜直谏，不然，险些做出天大的错事。他郑重地说道："辕爱卿，这次平定七国叛乱，非同寻常，凡参战将士，一律论功奖赏，这事就由你和周太尉去办理吧！窦将军，今把梁王交付于你，待查核结案，再听发落！"汉景帝说罢，退席而去。

窦太后眼睁睁看着窦婴带走了梁王，昏厥在庆功宴上。

刘大绅与辕固传说

乾嘉年间，云南刘大绅为新城知县，自知新城多文人名士、海内望族，颇以治事为难。一日，刘知县巡视乡里，至今田庄镇辕固村，见巍然巨冢，上书"辕固冢"，即弃轿前趋，且行且呼曰："恩人在此、恩人在此。"见冢上荒凉，应为修葺。回至县衙，僚属疑曰："老爷何至如此？"答曰："我赴京会试时，担忧前途，路途惴惴，前程未卜。夜梦一老者，白发银须，嘱我会试殿试如何，必得高中。急问夫子何处，答曰乃辕固也。朝考开始，如梦中所言。故而高中，得授今职。恩人在此，岂可不拜？"邑之望族如王氏、耿氏、伊氏、徐氏、陈何氏等早闻刘之贤，闻此皆贺，新城之治日隆。大绅每以辕固冢之荒凉为念，日积月累，筹为堂屋王楹。奈料备齐，遂调别邑。继任者鸠工完工，请刘大绅撰写楹联。后刘大绅令曹县，因前任罟误谪戍军台。新城乡人张象津、何殿魁、王祖昌等奋力相助，终至大绅回返，为武定府同知。其后主持云南五华书院。

据传，刘大绅在辕固祠上题对联一副：

托神灵　与故里　近代相邻　春秋非懈

务正学　已立音　守正不阿　道遵固儒

后刘大绅高升后，其继任赵鹏迁继续整修祠堂，也题联云：

上下两千年，唯问几人传汉学

纵横两万里，曾从何处授齐诗

此后若干年，冢和祠堂的名声渐渐传遍四野八乡，每到年节，拜者成千上万，一时烟火鼎盛。传说，辕固同情穷人，如果有谁家婚丧嫁娶急需家具，可在冢子前烧香叩拜，说明心愿，第二天黎明再来，就会看到所需之物摆在坟前，但用完后必须归还。后来，有一个人借完东西后没有归还，便再不灵验。

（四）辕固相关诗词

辕固里①

〔清〕王士禛

汉初尚黄老②，儒术暗不章③。

齐鲁诞诸儒，五经如载阳④。

遒⑤哉清河傅⑥，卓为群伦⑦倡。

抵掌⑧论汤武，大义非荒唐。

曲学⑨诚孙弘，微言诒⑩后苍⑪。

训词⑫列学官，星日⑬同琅琅⑭。

我生晚⑮千载，桑梓⑯宁异乡。

寤寐⑰思哲人，流风⑱一何长。

生惭齐鲁学，私淑⑲附师匡⑳。

【注释】

①辕固里：辕固生故里，地址在锦秋湖南岸辕公庄，今称元文村。

②尚黄老：崇尚道家学说。黄老一般指黄老之学，为黄帝之学和老子之学的合称，是华夏道学之渊薮。

③不章：不得彰显，不受重视。

④载阳：开始变暖。《诗经·豳风·七月》："春日载阳，有鸣仓庚。"

⑤遒：远。

⑥清河傅：汉景帝时，辕固以廉直为清河王太傅。

59

⑦群伦：同辈众人。

⑧抵掌：侧击手掌，形容谈话时兴奋、激动的样子。辕固生为博士时，曾与黄生在景帝面前争论，反驳其汤、武弑君之论，认为汤、武是顺民意而得天下。

⑨曲学：辕固曾告诫受到汉武帝征召的公孙弘说："公孙子，务正学以言，无曲学以阿世。"曲学，背离或歪曲自己所学的知识、理论。阿世，迎合世俗。

⑩诒：传给。

⑪后苍：汉代东海郡郯（今山东郯城县）人，字近君，生卒年不详，西汉经学家。师事夏侯始昌，精通辕固诗学，并传授予翼奉、萧望之、匡衡等人。

⑫训词：训导之词，指辕固对《诗经》的解说。

⑬星日：比喻学生和老师。

⑭琅琅：响亮的读书声。

⑮暌：相隔，分离。

⑯桑梓：故乡。

⑰寤寐：醒和睡，指日夜。《诗经·关雎》："窈窕淑女，寤寐求之。"

⑱流风：前代流传下来的风尚；遗风。

⑲私淑：指没有得到某人的亲身教授，而又敬仰他的学问并尊之为师、受其影响。

⑳师匡：师丹、匡衡，都是辕固诗学的传人。

辕固里

〔清〕孙元衡①

正学②如日月，末照③亦光辉。

异端④起纤翳⑤，茫昧⑥介⑦细微。

不辩汤武是，安知黄老非。

经传三百篇⑧，儒术存几希⑨。

我宰⑩辕生里，引领⑪遥相睎⑫。

徵⑬贲⑭仍不用，九十空旋归。

【注释】

①孙元衡，清康熙三十二年（1693）任新城知县。

② 正学：儒家学说。

③ 末照：余晖。唐李白《古风》："却秦有振声，后世仰末照。"

④ 异端：儒家称其他持不同见解的学派为异端。

⑤ 纤翳：微小的障蔽。

⑥ 茫昧：模糊不清；不可揣测。

⑦ 介：间隔。

⑧ 三百篇：汉代尊《诗经》为经典，《诗经》共收录西周初至春秋中叶的民歌和乐章三百零五篇，称"诗三百"。

⑨ 希：甚少。

⑩ 宰：任地方长官。

⑪ 领：脖子。

⑫ 睎：通"希"，仰慕。

⑬ 徵：公开招请，征聘。

⑭ 贲：装饰。

辕固里

〔清〕毕梦举

经术①铿铿②斥佞臣，汉廷侧目③仰清尘④。

一从时世矜⑤高第⑥，翻觉孙弘是古人。

【注释】

① 经术：经学，注解经书的学问。

② 铿铿：言辞明朗，铿锵有力。《后汉书·杨政传》："京师为之语曰：'说经铿铿杨子行'。"子行，杨政字。

③ 侧目：不敢从正面看，斜着眼睛看。汉廷侧目：汉武帝初年，公孙弘与辕固同时被召为博士，公孙弘在朝廷上对辕固侧目而视。

④ 清尘：车后扬起的尘埃。清：敬词。

⑤ 矜：骄矜，自夸。

⑥ 高第：凡选士、举官、考绩，成绩最优者为高第。

三、颜斶

（一）颜斶介绍

颜斶是马踏湖景区中的五贤祠内供奉的五位贤人之一。

颜斶（chù），战国时期齐国人，生卒年月不可考，活动于齐宣王时期。受母亲钟离氏教导，耕读修身，隐居不仕。因提出"晚食以当肉，安步以当车，无罪以当贵"而著名于史。颜斶一生不畏权势，不趋炎附势，隐居在马踏湖畔。

成语"安步当车、返璞归真"都出自颜斶的故事。

（二）颜斶的故事

安步当车、返璞归真

齐宣王慕颜斶的大名，把他召进宫来。颜斶随随便便地走进宫内，一点礼节也没有。来到殿前的阶梯处，齐宣王正等待他拜见，颜斶却停住脚步，不再行进。

齐宣王见了很奇怪，就呼唤说："颜斶，过来！"不料颜斶还是一步不动，呼唤宣王说："大王，过来！"齐宣王听了很不高兴。大臣们见颜斶目无君主，口出狂言，都厉声训斥颜斶。

颜斶说："我如果走到大王面前去，大家知道我羡慕他的权势；如果大王走过来，说明他礼贤下士。与其让大家知道我羡慕大王权势，还不如让天下人知道大王礼贤下士。"齐宣王恼怒地说："到底是君王尊贵，还是士人尊贵？"颜斶不假思索地说："当然是士人尊贵，君王并不尊贵！"齐宣王说："你说这话有根据吗？"颜斶神色自若地说："当然有！从前秦国进攻齐国的时候，秦王下过一道命令：有谁敢在高士柳下季坟墓五十步以内的地方砍柴的，格杀勿论！他还下了一道命令：有谁能砍下齐王的脑袋，就封他为万户侯，赏金千镒。由此看来，一个活着的君主的头，竟然连一个死去的士人的坟墓都不如啊。"齐宣王无言以对，满脸不高兴。

大臣们忙来解围："我们大王拥有千乘之国，东西南北谁敢不服？大王想要什么就有什么！"

颜斶回答说："不对。古之大禹时代，诸侯有万国。为什么会这样呢？是由于他们掌握了一套重教化、治国、爱民的办法，并且重视士人，善于发挥他们的才能。所以舜帝出身于农民，发迹于穷乡僻壤，终成为天子。到了商汤时代，诸侯也有三千。可是到了现在，称孤道寡的只不过二十四家。由此看来，这难道不是由于'得士'和'失士'的政策造成的吗？如果诸侯渐渐地被杀戮、被消灭，到那时，就是想要做个里巷的看门人，又怎么可能呢？所以，《易经》上不是这样说吗：高高在上的统治者，如果不重视士人，善于运用他们的才能，做些踏踏实实的工作，只是一味地喜欢弄虚作假，标榜虚名，他们必然走入骄傲奢侈的歧途；骄傲奢侈，灾祸必然随之而来。所以没有实际效用，却只喜欢空名的，国土将日益削减，国力将日益衰弱；没有好的德行，却希望幸福的，必然处境困窘；没有建立功勋，却只图享受俸禄的，必然蒙受侮辱。这一切必然招致严重的祸害。所以说：'好大喜功者，必定不能建立功业；空言而无行者，终究不能实现他的愿望。'这都是爱虚名、好浮夸、无治国爱民实效者的必然下场。所以尧有九佐，舜有七友，禹有五丞，汤有三辅。自古至今，如果不得到士人辅助而能建功立业的，从未有过。所以国君不应该以经常向人请教为耻辱，不应该以向别人学习而感到惭愧。因此，言行符合社会的规律，德才兼备，而能传扬功名于后世的，像尧、舜、禹、汤、周文王他们就是这样。所以说：'真正得道、体道，掌握了规律的人，就可以主宰一切。'那些在上能窥见事物的本源，在下能通晓事物的流变，了解事物很透彻的最圣明的人，怎么会遭到削弱、困窘、受辱等灾祸呢？《老子》说：'贵必以贱为根本，高必以下为基础。所以，侯王自称孤、寡、不谷，这不正是贵为贱的根本吗？难道不是吗？'所谓孤、寡，就是人们处于困窘、卑贱的地位。可是侯、王自己称孤道寡，难道不是侯、王谦居人下、重视士人的证明吗？尧传位于舜，舜传位于禹，周成王任用周公旦，世世代代都赞扬他们为英明的君主。这正是因为他们深知士人的可贵。"

齐宣王听到这里，才觉得自己理亏，说："我是自讨没趣，听了您的一番高论，才知道了小人的行径。希望您接受我为您的学生！今后您就住在我这里，我保证您饮食有肉吃，出门必有车乘，您夫人和子女个个会衣着华丽。"颜斶却辞谢说："玉，原来产于山中，如果一经匠人加工，就会破坏；虽然仍然宝贵，但毕竟失去了本来的面貌。士人生在穷乡僻壤，如果选拔上来，就会享有利禄；不是说他不能高贵显达，但他外来的风貌和内心世界会遭到破坏。所以我情愿希望大王让我回去，每天晚点吃饭，也像吃肉那样香；安稳而慢慢地走路，足以当作乘车；平安度日，并不比权贵差；清静无为，纯正自守，乐在其中。命我讲话的是您大王，而尽忠直言的是我颜斶。"颜斶说罢，向齐宣王拜了两拜，就告辞而去。

士人颜斶与齐宣王的对话，争论国君与士人谁尊谁卑的问题。颜斶公开声称"士贵耳，王者不贵"，并用历史事实加以证明。它充分反映了战国时期士阶层要求自身地位的提高与民主思想的抬头。颜斶拒绝齐宣王的引诱而返璞归真，即表现了士人不慕权势、洁身自爱的傲气与骨气。

（三）颜斶相关诗文

颜斶说齐王

齐宣王见颜斶，曰："斶前！"斶亦曰："王前！"宣王不说。左右曰："王，人君也。斶，人臣也。王曰'斶前'，亦曰'王前'，可乎？"斶对曰："夫斶前为慕势，王前为趋士。与使斶为慕势，不如使王为趋士。"王忿然作色曰："王者贵乎？士贵乎？"对曰："士贵耳，王者不贵。"王曰："有说乎？"斶曰："有。昔者秦攻齐，令曰：'有敢去柳下季垄五十步而樵采者，死不赦。'令曰：'有能得齐王头者，封万户侯，赐金千镒。'由是观之，生王之头，曾不若死士之垄也。"宣王默然不悦。

左右皆曰："斶来，斶来！大王据千乘之地，而建千石钟，万石虡。天下之士，仁义皆来役处；辩士并进，莫不来语；东西南北，莫敢不服。求万物无不备具，而百姓无不亲附。今夫士之高者，乃称匹夫，徒步而处农亩，下则鄙野、监门、闾里，士之贱也，亦甚矣！"

斶对曰："不然。斶闻古大禹之时，诸侯万国。何则？德厚之道，得贵士之力也。故舜起农亩，出于岳鄙，而为天子。及汤之时，诸侯三千。当今之世，南面称寡者，乃二十四。由此观之，非得失之策与？稍稍诛灭，灭亡无族之时，欲为监门、闾里，安可得而有乎哉？是故《易传》不云乎。'居上位，未得其实，以喜其为名者，必以骄奢为行。据慢骄奢，则凶中之。是故无其实而喜其名者削，无德而望其福者约，无功而受其禄者辱，祸必握。'故曰：'矜功不立，虚愿不至。'此皆幸乐其名，华而无其实德者也。是以尧有九佐，舜有七友，禹有五丞，汤有三辅，自古及今而能虚成名于天下者，无有。是以君王无羞亟问，不愧下学；是故成其道德而扬功名于后世者，尧、舜、禹、汤、周文王是也。故曰：'无形者，形之君也。无端者，事之本也。'夫上见其原，下通其流，至圣人明学，何不吉之有哉！老子曰：'虽贵，必以贱为本；虽高，必以下为基。是以侯王称孤寡不谷，是其贱必本于？'非夫孤寡者，人之困贱下位也，而侯王以自谓，岂非下人而尊贵士与？夫尧传舜，舜传傅禹，周成王任周公旦，而世世称曰明主，是以明乎士之贵也。"

宣王曰："嗟乎！君子焉可侮哉，寡人自取病耳！及今闻君子之言，乃今闻细人之行，愿请受为弟子。且颜先生与寡人游，食必太牢，出必乘车，妻子衣服。"颜斶辞去曰："夫玉生于山，制则破焉，非弗宝贵矣，然夫璞不完。士生乎鄙野，推选则禄焉，非不得尊遂也，然而形神不全。斶愿得归，晚食以当肉，安步以当车，无罪以当贵，清静贞正以自虞。制言者王也，尽忠直言者斶也。言要道已备矣，愿得赐归，安行而反臣之邑屋。"则再拜而辞去也。斶知足矣，归反朴，则终身不辱也。

君子曰："斶知足矣，归真返璞，则终身不辱。"

颜斶

〔唐〕吴筠

高哉彼颜斶，逸气①陵②齐宣。

道尊③义不屈，士重④王来前。

荣禄安可诱，保和⑤从自然。

放情⑥任所尚⑦，长揖归山泉。

【注释】

① 逸气：超脱世俗的气度、气概。

② 陵：通"凌"，压服，折服。

② 道尊：品格高贵。

④ 士重："齐宣王见颜斶，曰：'斶前！'斶亦曰：'王前！'宣王不

悦……屠对曰:'夫屠前为慕势,王前为趋士。与使屠为慕势,不如使王为趋士。'

⑤ 保和:保持心志和顺,身体安适。

⑥ 放情:尽情,纵情。

⑦ 所尚:自己所崇尚的人生观。

颜屠丘①

〔明〕何景明②

一垄③犹存霸业荒④,真教死士傲生王。

须知贫也原多病,不向先生乞药方。

【注释】

① 颜屠丘:齐国高士颜屠之墓,在马踏湖青丘东侧。

② 何景明(1483—1521),明代河南信阳人,字仲默,号大复山人,弘治十五年(1502)进士,官至陕西提学使。工诗文,为弘治十才子之一。又与李梦阳、徐祯卿、边贡、康海、王九思、王延相合称"前七子"。著有《大复集》。

③ 垄:坟墓。

④ 荒:灭亡。

颜屠居①

〔明〕王象艮

颜公齐国高士,缓步②晚食巧贫③。

万顷涟漪弄碧,一居秋水无尘④。

【注释】

① 颜屠居:颜屠隐居之地,地址在马踏湖古青丘。

② 缓步:颜屠曾对齐宣王表示"屠愿得归,晚食以当肉,安步以当车,无罪以当贵,清静贞正以自虞"。

③ 巧贫:后人称颜屠的处世之道,即高明的安贫乐道、形神俱完之术。

④ 秋水无尘:所居之地秋水明澈如镜,不受世俗污染。

颜斶墓

〔清〕王士禛

末世①寡尚志②，薄俗③希乘轩④。

岂不贵⑤缥帛⑥，形役⑦神不全。

吾高颜夫子，抗节⑧藐齐宣。

钟⑨簴⑩宁⑪足论，殿上呼王前。

晚食与安步，讵⑫以⑬荣利迁。

监门⑭良自贱，趋士理亦贤。

俯仰⑮二千载，吊古悲荒阡⑯。

墟墓⑰绝樵采，清风激颓顽。

古道⑱邈⑲难作⑳，悲哉东逝川㉑。

【注释】

① 末世：此处指东周末年春秋战国时期。

② 尚志：崇尚节志。

③ 薄俗：轻薄的习俗，坏风气。

④ 乘轩：先秦时代，只有大夫可以乘坐有围栏的车，后以乘轩泛指官员。

轩：古代一种有围棚或帷幕的车。

⑤ 贵：认为……贵，看重。

⑥ 缥帛：浅红色的帛，古时用来征聘隐士。

⑦ 形役：为形骸所役使，多指为功名利禄所束缚。

⑧ 抗节：坚守节操。

⑨ 钟：古代一种悬挂的乐器。

⑩ 簴（jù）：悬大钟的木架。

⑪ 宁：岂。

⑫ 讵：岂，难道。

⑬ 以：因为。

⑭ 监门：守门小吏。

⑮ 俯仰：低头、抬头，比喻时间短暂。

⑯ 荒阡：荒无人烟的原野，此处指颜斶之墓。

⑰墟墓：颜斶向齐王举例证明士贵于王，"昔者秦攻齐，令曰：'有敢去柳下季垄五十步而樵采者，死不赦。'"

⑱古道：古代之道，此处指源于古代的信实淳厚的道德风尚。

⑲邈：久远。

⑳作：兴起。

㉑东逝川：流去的历史往事。《论语·子罕》："子在川上曰：'逝者如夫，不舍昼夜！'"

四、诸葛亮

（一）诸葛亮介绍

《新城县志》载，东汉末年，诸葛孔明赴隆中之前，曾由琅琊阳都（今山东省临沂市沂南县）向北游历齐国故都临淄，探访管仲、晏婴史迹。后，又乘船游至官湖。在鲁仲连隐居之地鲁连陂，诸葛亮心旷神怡，情致盎然，即兴吟咏下《官湖即目》。

诗中的官湖是马踏湖的别称。湖光水色中，诸葛亮瞻顾青丘遗迹，义不帝秦、安步当车等故事，如春风拂面，高山仰止之情油然而生。怀想鲁仲连事迹，感念当今政局，做闲云孤鹤的心情，似乎更清晰，像涟漪在湖水中荡开。

后来，湖区人们在此筑庙，以纪念这位先贤。庙宇就是马踏湖中的五贤祠。

桓台唐山镇有前诸和后诸两个相邻的村庄。清雍正年间《桓台胜览·诸葛陂》载："诸葛陂，先生卧隆中时尝游齐。作梁父吟……陂南诸葛庄即先生旧游处也。"后人立庙以示纪念，其庄以庙得名。

"民国"《重修新城县志》有嘉庆二年（1797）诸葛祀田始末记碑，碑文所记，也可佐证传说。

嘉庆二年诸葛祀田始末记碑
——本县知县赵锬撰文

汉丞相武乡侯不以文章名，而《出师》两表简质典重，与《伊训说命》相表里。至其出处之正，与生平之谨慎，又皆古圣贤之居心立行，是亦百世之师矣。故以从祀孔子庙庭，遍天下学宫。其宜有专祠，不独楚之隆中，蜀之定军也。济南新城东北二十里诸葛庄旧有侯庙，其庄盖以庙得名，则所由来远矣。

庙地旧止五亩，司庙祝者两人。前县尹刘公大绅虑年远无以崇庙貌而供祀事，欲增置祠田，择董事者为久计，有志未逮。乾隆甲辰，邑人刘思忠、田光美、荆学海、田兆升、田光颜、傅玉书请以湖堧（音ruǎn，城郭旁、宫殿庙宇外或河边的空地）荒田二十二亩辟而垦之，以时补庙之废败，并以代豆笾之实。刘公允所请，因即以刘生思忠专其事。生任事十有九年，即地之所出岁新祠宇供祭祀，余者复权子母，别增置庙地一十八亩有奇，可谓不负所托矣。今恐财利所在，人易生心，或啧有烦言，无以自明。故录其新旧地若干亩，请付道人田胜司经理之务，使岁有所入，一如刘生之旧。予善其言而从之。夫以侯之言行坊表，足为后学所矜式。今邑有此祠，县人登其堂，拜其遗像，情深向往，而窃以私淑，则关于人心学术，岂浅鲜哉！官若刘公，志崇正学。士若刘生，继公之志，能事其事，使无废坠，咸足为后法。例得书，故述其始末而使勒诸石。

（二）诸葛亮的故事

诸葛亮其人其事

诸葛亮（181—234），字孔明，号卧龙，琅琊阳都人，三国时期蜀汉丞相，中国古代杰出的政治家、军事家、文学家、发明家。

诸葛亮早年随叔父诸葛玄到荆州，诸葛玄死后，诸葛亮就在隆中隐居。后刘备三顾茅庐请出诸葛亮，联合东吴孙权于赤壁之战大败曹军，形成三国鼎足之势，又夺占荆州。建安十六年（211），攻取益州。继又击败曹军，夺得汉中。蜀章武元年（221），刘备在成都建立蜀汉政权，诸葛亮被任命为丞相，主持朝政。后主刘禅继位，诸葛亮被封为武乡侯，领益州牧。勤勉谨慎，大小政事必亲自处理，赏罚严明；与东吴联盟，改善和西南各族的关系；实行屯田政策，加强战备。前后五次北伐中原，多以粮尽无功。终因积劳成疾，于蜀建兴十二年（234）病逝于五丈原（今陕西省宝鸡市岐山境内），享年五十四岁。刘禅追谥他为忠武侯，后世常以武侯尊称诸葛亮。东晋桓温追封他为武兴王。

诸葛亮的散文代表作有《出师表》《诫子书》等。曾发明木牛流马、孔明灯等，并改造连弩，叫作诸葛连弩，可一弩十矢俱发。诸葛亮一生"鞠躬尽瘁、死而后已"，是中国传统文化中忠臣与智者的代表人物。

隆中对策

建安六年（201），司马徽为刘备推荐卧龙（诸葛亮）、凤雏（庞统）。

建安十二年（207），诸葛亮又受徐庶推荐，刘备希望徐庶引亮来见，但徐庶却建议："这人可以去见，不可以令他屈就到此。将军宜屈尊以相访。"刘备便亲自前往拜访，去了多次才见到诸葛亮。诸葛亮遂向他陈说了三分天下之计。

这篇论说后世称为《隆中对》。刘备听后大赞，力邀诸葛亮出山相助，于是诸葛亮便出山入幕。刘备常常和他议论，关系也日渐亲密。关羽、张飞等大感不悦，刘备向他们解释道："我有了孔明，就像鱼得到水般，希望诸位不要再说了。"关羽、张飞等便不再抱怨。诸葛亮所提出的《隆中对》是此后数十年刘备和蜀汉的基本国策，当时年仅27岁。

东联孙权北拒曹操

建安十三年（208）八月，刘表病逝，其二子刘琮继。当时托名为汉相的曹操统一北方后，率二十万大军南下荆楚，听到曹操南下的消息，遣使投降。诸葛亮劝说刘备，及时攻打刘琮，可趁机占领荆州，刘备不忍。刘备在樊城知道曹操大军南下后，率军队和百姓南逃，曹军在当阳长坂追上并大破刘军。

同年，刘备败走夏口，而孙权之前又派鲁肃前来观察情况，并向刘备建议向孙权求救，诸葛亮便自荐到柴桑做说客，与鲁肃结为朋友。

刘备率军到了夏口（今湖北汉口）之后，因为态势紧急，诸葛亮请求亲赴江东求救于孙权。当时孙权率领军队驻扎在柴桑（今江西九江），观望事态的发展。到达柴桑后，诸葛亮面见孙权，为孙权分析局势：孙权起兵据有江东，刘备也把部众聚集在汉水之南，打算与曹操争夺天下。曹操平定其他势力，占据了北方，如今南下攻破荆州，威震四海。接着，诸葛亮先用二分法给孙权两个选择，"如果能以吴、越的军力与中原之国抗衡，不如早和曹操断交"；另一个选择则是，"如果认为不能抵挡，不如停止军事行动，北向称臣"。孙权却反问诸葛亮，刘备为何不投降。诸葛亮便提高刘备身价，说刘备有气节，绝不投降，以向孙权显示刘备的决心。孙权大怒，誓言不会向曹操投降，但却有所担心，刘备还有多少兵力战斗。诸葛亮最后才分析两军的情况，先说出自军散兵归还和关羽水军有万人，加上刘琦凡江夏士兵亦不下万人，再说出曹军远来疲弊，追刘备时，又用轻骑一日一夜行了三百多里，正是"强弩之末，势不能穿鲁缟"；而且，北方人不习水战，荆州百姓又是被逼服从曹操，不是心服；最后肯定地说曹操必定可打败。孙权十分高兴，后又受到鲁肃、周瑜的游说，决定联刘抗曹，派周瑜、程普、鲁肃等率三万水军，与曹操开战。

诸葛亮随军回到刘备处；十一月，曹操大军在赤壁遭遇孙刘联军火攻，曹操军遭受了非常大的损失，而此时曹操军中又暴发瘟疫，曹操不得已引军北还。

先主托孤

章武三年（223）二月，刘备病重，召诸葛亮到永安，与李严一起托付后事，刘备对诸葛亮说："你的才能是曹丕的十倍，必定能够安顿国家，终可成就大事。如果嗣子（刘禅）可以辅助，便辅助他；如果他没有才干，你可以自行取度。"诸葛亮涕泣说："臣必定竭尽股肱的力量，报效忠贞的节气，直到死为止！"刘备又要刘禅视诸葛亮为父。延至四月，刘备逝世，刘禅继位，封诸葛亮为武乡侯，开设官府办公。不久，再领益州牧，政事上的大小事务，刘禅都依赖于诸葛亮，由诸葛亮决定。本来南中地区因刘备逝世而乘机叛乱，诸葛亮因国家刚逝去君主，先不发兵，而派邓芝及陈震赴东吴修好。

建兴三年（225）春天，诸葛亮率军南征，临行前刘禅赐诸葛亮金钺钺一具，曲盖一个，前后羽葆鼓吹各一部，虎贲六十人。后诸葛亮深入不毛之地讨伐雍闿、孟获。诸葛亮采取参军马谡的建议，以攻心为主，先打败雍闿军，再七擒七纵孟获，至秋天平定所有乱事，十二月班师成都。蜀汉在南中安定并获得大量的资源，并且组建了无当飞军这支劲旅。经过长期积累，有了北伐的基础。

病逝五丈原

建兴十二年（234）八月，诸葛亮病情日益恶化。司马懿趁诸葛亮病重不能统军，亲自率军袭击蜀军后方，斩五百余人，获牲口千余头，降者六百余人。

诸葛亮病重之际，蜀主刘禅派遣尚书仆射李福前来军前问候，同时询问国家大事。李福与诸葛亮谈话完毕，辞别而去，几天之后又回来。诸葛亮说："我知道你回来的意图，近来你虽然整天与我交谈，但有些事还没有对你交代，所以你又回来听取。你所要问的事蒋琬最适合。"李福连忙道歉说："日前确实不曾询问，等到您百年之后，谁可以担负国家重任，所以就又返回。再请问蒋琬之后，谁又可承担重任？"诸葛亮说："费祎可以继任。"李福又问费祎之后谁可接任？诸葛亮没有回答。同时，诸葛亮也对各将领交代后事，要杨仪和费祎统领各军撤退。由魏延、姜维负责断后。不久，诸葛亮在军营中去世。而杨仪、姜维按照诸葛亮临终的部署，秘不发丧，整顿军马从容撤退。

司马懿认为诸葛亮已死，率军追击，姜维推出雕刻成诸葛亮模样的木雕并率领大军回返，司马懿看到诸葛亮（木雕），认为诸葛亮装死引诱魏军出击，赶紧飞马撤退，奔行数里，司马懿数次问左右将领："吾头尚在否？"众将俱回："尚在。"司马懿不敢再追赶。于是蜀军从容退去，进入斜谷后，才讣告发表，而此事后来也被百姓为之谚曰："死诸葛吓走生仲达"。司马懿听闻蜀军在斜谷发表后自嘲道："吾便料生，不便料死故也。"其后，司马懿视察蜀军遗留的营寨，感叹说："诸葛亮真是天下奇才！"

（三）诸葛亮相关诗词

诸葛庄①

〔明〕王象艮②

诸葛庄名传已久，武侯③高卧是何年？

三分事业④谁为主？日落荒烟野水边。

【注释】

①诸葛庄：锦秋湖南岸村庄名，今桓台县邢家镇有前后二诸葛庄。

②王象艮：字伯石，又字思止，号定宇，系清代诗宗王渔洋之堂祖爷。明代中后期，王象艮读《官湖即目》，仰慕诸葛亮的文治武功，改华沟为锦秋庄，重修三贤祠，改辕固先生塑像为牌位，加塑诸葛亮之塑像，并将他推为五贤之一。

③武侯：诸葛亮死后，谥号为忠武侯。

④三分事业：诸葛亮辅佐刘备建立蜀汉，形成了魏、蜀、吴三国鼎立的局面。

诸葛庙^①

〔明〕王象艮

当时五丈原^②上，于今湖里渔蓑。

俯仰^③古今感慨，但论秋水春波。

【注释】

① 诸葛庙：地址在今天桓台县邢家镇后诸葛村，马踏湖南岸。相传诸葛亮曾游此处，后人建祠以祀之。诸葛先生《梁父吟》中有句"步出齐东门，行至荡阴里"，今临淄故城有荡阴里遗迹，可证先生确实游历此间。

② 五丈原：地名，在今陕西周至县境内，渭水南岸。诸葛亮率军出斜谷，用木牛流马运载辎重，占领五丈原，建兴十二年（234）秋于此地病逝。

③ 俯仰：比喻时间短暂。晋代王羲之《兰亭集序》："向之所欣，俯仰之间，已为陈迹。"

诸葛武侯祠^①

〔清〕王士禛

不见锦官城^②，犹闻荡阴里^③。

芦荻^④夕阳中，空祠映寒水^⑤。

【注释】

① 诸葛武侯祠：即诸葛庙。

② 锦官城：今四川成都市旧称，城中有三国蜀武侯祠。杜甫《蜀相》中有诗句："丞相祠堂何处寻？锦官城外柏森森。"

③ 荡阴里：古地名，在山东临淄故城外。

④ 芦荻：古诗歌中常以此意象来表达悲愁伤怀之意。

⑤ 寒水：清冷的湖水。

诸葛陂^①

〔清〕成聿炌

烟水茫茫自古今，卧龙^②遗迹任销沉^③。

争知^④昔日吟梁父^⑤，谁识此间即荡阴^⑥。

【注释】

① 诸葛陂：即诸葛庄，在马踏湖南岸。

② 卧龙：比喻隐居隆中之诸葛亮。《三国志·诸葛亮传》中云："徐庶见先主，先主器之。谓先主曰：诸葛孔明者，卧龙也，将军岂愿见之乎？"

③ 销沉：同"消沉"，消失，沉没。

④ 争知：怎知。

⑤ 梁父：《梁父吟》，也作《梁甫吟》，乐府楚调名，歌词悲凉慷慨。《三国志·诸葛亮传》记载："亮躬耕陇亩，好为《梁父吟》。"

⑥ 荡阴：古地名。诸葛亮《梁父吟》："步出齐东门，行至荡阴里。"今临淄故城有荡阴里遗址。

官湖即目①

今我游齐都②，放荡③鲁连陂④。

官湖何秀气，锦翠胜姑苏⑤。

借予⑥一海鸥，自挟⑦双凤凰。

含笑瞰倒影，欣然胜吴刚⑧。

【注释】

① 官湖即目：选自《桓台名胜古迹·马栏台遗址》，是否为诸葛亮所作存疑。官湖，马踏湖的别称。据《新城县志》记载，东汉末年，诸葛孔明赴隆中之前，曾由家乡琅琊阳都北游齐都临淄，寻访管仲、晏婴遗踪；后又乘驾一叶扁舟沿临淄、西安（今索镇故称）及诸葛庄一线水路蜿蜒而下，登临于马踏湖南沿的华沟马栏台。

② 齐都：春秋战国时齐国都城临淄，今属淄博市临淄区。

③ 放荡：不受约束，任意而行。

④ 鲁连陂：相传为战国时期齐地高士鲁仲连隐居之地。王士禛于《池北偶谈》中言："新城东北锦秋湖上，有鲁仲连陂，传为鲁仲连所居。"陂：池塘；水边，水岸。

⑤ 姑苏：江苏省苏州市，境内有姑苏山，故得名。春秋时吴国都城，是吴文化的发祥地，历史悠久，景色优美。

⑥ 予：我。

⑦ 挟：拥有，持有。

⑧ 吴刚：古代神话中居住在月宫中的仙人。相传吴刚受天帝惩罚到月宫砍伐桂树，但桂树不仅高达五百丈，而且能自己愈合斧伤，吴刚只好永无止息地砍下去。此处是说欣喜之情胜过神仙。但吴刚伐桂的故事大约起源于唐代，唐末才颇为流行，并首次出现在了唐人的诗歌和笔记中，所以此诗有后人伪托之嫌。

<h2 style="text-align:center">梁甫吟①</h2>

步出齐城②门，遥望荡阴里③。

里中有三坟，累累④正相似。

问是谁家墓，田疆古冶氏⑤。

力能排⑥南山⑦，又能绝⑧地纪⑨。

一朝被谗言，二桃杀三士。

谁能为此谋，国相齐晏子⑩。

【注释】

① 梁甫吟：乐府古辞，相传为诸葛亮所作。从遥望荡阴里三壮士坟墓写起，咏叹了齐景公用国相晏婴之谋，以二桃杀三士的故事，表现了对三人之死的无奈与惋惜。甫：同父。

② 齐城：齐都临淄，在今山东省淄博市临淄城北八里。

③ 荡阴里：又名"阴阳里"，在今临淄城南。

④ 累累：接连不断、接连成串的样子。

⑤ 田疆古冶氏：根据《晏子春秋·谏下篇》记载，公孙接、田开疆和古冶子三人，事齐景公，以勇力闻名于世。

⑥ 排：推倒。

⑦ 南山：齐城南面的牛山。

⑧ 绝：毕，尽。

⑨ 地纪：指天地间的大道理，如"仁""义""礼""智""信"等。

⑩ 晏子：齐国大夫晏婴，历事灵公、庄公、景公三朝，乃齐国名相。

附：二桃杀三士

公孙接、田开疆、古冶子事景公，以勇力搏虎闻。晏子过而趋，三子者不起。

晏子入见公曰："臣闻明君之蓄勇力之士也，上有君臣之义，下有长率之伦，内可以禁暴，外可以威敌，上利其功，下服其勇，故尊其位，重其禄。今君之蓄勇力之士也，上无君臣之义，下无长率之伦，内不以禁暴，外不可威敌，此危国之器也，不若去之。"

公曰："三子者，搏之恐不得，刺之恐不中也。"

晏子曰："此皆力攻勍敌之人也，无长幼之礼。"因请公使人少馈之二桃，曰："三子何不计功而食桃？"

公孙接仰天而叹曰："晏子，智人也！夫使公之计吾功者，不受桃，是无勇也，士众而桃寡，何不计功而食桃矣。接一搏犭肙而再搏乳虎，若接之功，可以食桃而无与人同矣。"援桃而起。

田开疆曰："吾仗兵而却三军者再，若开疆之功，亦可以食桃，而无与人同矣。"援桃而起。

古冶子曰："吾尝从君济于河，鼋衔左骖以入砥柱之流。当是时也，冶少不能游，潜行逆流百步，顺流九里，得鼋而杀之，左操骖尾，右挈鼋头，鹤跃而出。津人皆曰：'河伯也！'若冶视之，则大鼋之首。若冶之功，亦可以食桃而无与人同矣。二子何不反桃！"抽剑而起。

公孙接、田开疆曰："吾勇不子若，功不子逮，取桃不让，是贪也；然而不死，无勇也。"皆反其桃，挈领而死。

古冶子曰："二子死之，冶独生之，不仁；耻人以言，而夸其声，不义；恨乎所行，不死，无勇。虽然，二子同桃而节，冶专其桃而宜。"亦反其桃，挈领而死。

译文：

公孙接、田开疆、古冶子传奉景公，凭着勇猛之力捕捉过猛虎而闻名齐国。晏子在他们面前走过，谦逊地小步急走，他们三人却不站起身来。

晏子入朝拜见景公说："我听说圣明的国君蓄养勇猛之士，对上有君臣大义，对下有长幼伦常，对内可以禁止暴乱，对外可以威慑敌军，国家因他们的功绩而得利，臣下也敬服他们的勇力，所以尊重他们的地位，增加他们的俸禄。现在君王蓄养的勇士，对上没有君臣之义，对下不讲长幼伦常，对内不能禁止暴乱，对外不能威慑敌人，这是危害国家的人呀，不如除掉他们。"

景公说："这三个人，拘捕他们恐怕不能成功，刺杀他们恐怕也刺杀不中。"

晏子说："他们都是有猛力能攻打强劲之敌的人，不讲长幼的礼让。"于是请景公派人送两个桃子给他们，说："你们三人何不按功劳的大小来吃桃子呢？"

公孙接抬头看着天而叹息说："晏子，是个很有智慧的人啊！请景公用计算我们功劳大小的方法食桃，不能得桃的，就是没有勇力的人，人多桃少，怎能不按照功劳大小来吃桃呢？我公孙接一次捕捉了野猪而再次捕捉了哺乳的母虎，像我这样的功劳，可以吃这个桃子而不与他人同享了。"于是将桃拿起。

田开疆说："我手执兵器而击退敌军多次，像我田开疆的功劳，也可以吃这个桃而不与他人同享了。"于是将桃拿起。

古冶子说："我曾经与君王一起渡河，大鼋衔走左面拉车的马潜入暗礁激流之中，那个时候，我年纪尚少而不会游水，就跳入河中潜水步行，逆流而上走了百余步，又顺流而下走了九里，找到大鼋并将它杀死，左手握着马尾，右手提着大鼋的头，像白鹤飞跃一样跳出水面，渡口边的人都说：'河伯出来了！'再一看，是大鼋的头。像我古冶子这样的功劳，也可以吃桃而不与别人同享呀！你们二人怎不将桃归还我。"并站起来抽出宝剑。

公孙接、田开疆说："我们的勇力不如你，功劳也赶不上，取走桃子而不让给功大的人，是贪冒功绩；如果不死，就不是勇士。"二人退还他们所拿的桃子，自刎而死。

古冶子说："两人因桃而死，我独自因桃而生，是不仁；用语言羞辱人，而夸耀自己的名声，是不义！怨恨自己的行为，不死，不算勇士。虽这样，他二人同为桃子而死于节，我独占有这些桃而应该。"也退回桃，自刎而死。

五、苏轼

马踏湖有苏东坡登临赋诗处，建有胜处祠和东坡亭。五贤祠内供奉有这位流芳千古的大文豪的塑像。

传说苏东坡在密州做刺史时，一个秋高气爽的季节，苏东坡逛罢了华不注山（又名华山，位于今山东济南），游兴甚浓，于是从山下华泉乘船，顺流而下，来到马踏湖，被其秀美的风光深深吸引。

在青丘，苏轼极目望去，马踏湖风光无限！马踏湖畔虽无孟学士之词宗，王将军之武库的高士，却有"落霞与孤鹜齐飞，秋水共长天一色"的美景，引他流连忘返。在此畅谈战国历史人物，更是兴奋不已。渔人高歌，野鸭戏水；鸟翔蓝天，鱼游碧渊；红荷已残，风骨犹在；楼阁耸峙，村舍错落。苏轼连连赞叹："好一个北国江南！"

秀美的湖光，满眼的胜迹，好客的渔民，使苏轼如回故里。他赋诗《横湖绝句》，来赞美马踏湖。

清乾隆时期，马踏湖始建"三贤祠"，其中有鲁仲连、诸葛亮、苏东坡三贤士塑像，1985年，马踏湖畔的华沟村民在马踏湖重修祠宇。重塑鲁仲连、苏东坡、诸葛亮、颜阖、辕固五位先贤像，名为五贤祠。

（一）苏轼简介

苏轼（1037—1101），字子瞻、和仲，号铁冠道人、东坡居士，世称苏东坡、苏仙，汉族，眉州眉山（今四川省眉山市）人，北宋著名文学家、书法家、画家，历史治水名人。

嘉祐二年（1057），苏轼进士及第。宋神宗时在凤翔、杭州、密州、徐州、湖州等地任职。

元丰三年（1080），因"乌台诗案"被贬为黄州团练副使。宋哲宗即位后任翰林学士、侍读学士、礼部尚书等职，并出知杭州、颖州、扬州、定州等地，晚年因新党执政被贬惠州、儋州。宋徽宗时获大赦北还，途中于常州病逝。宋高宗时追赠太师，宋孝宗时追谥"文忠"。

苏轼是北宋中期文坛领袖，在诗、词、散文、书、画等方面取得很高成就。文纵横恣肆；诗题材广阔，清新豪健，善用夸张比喻，独具风格，与黄庭坚并称"苏黄"；词开豪放一派，与辛弃疾同是豪放派代表，并称"苏辛"；散文著述宏富，豪放自如，与欧阳修并称"欧苏"，为"唐宋八大家"之一。苏轼善书，"宋四家"之一；擅长文人画，尤擅墨竹、怪石、枯木等。

作品有《东坡七集》《东坡易传》《东坡乐府》《潇湘竹石图卷》《枯木怪石图卷》等。

（二）苏轼相关诗词

和文与可横湖绝句①

〔宋〕苏轼

贪看翠盖②拥红妆③，不觉湖边一夜霜。

卷却天机云锦④段，从⑤教匹练⑥写秋光。

【注释】

① 和文与可横湖绝句：此诗选自《新城县志》，传说苏东坡先生知登州（今山东文登）时，曾特地到马踏湖游览，并赋此诗。后人取诗中"锦"和"秋"二字为湖命名。对于苏东坡是否确实入游过马踏湖，对于《横湖》一诗是否真正吟咏的马踏湖景观，一直不乏质疑的声音，有说法指此诗是苏轼从文同的一幅画中得到灵感而写出的佳作。和：依照别人诗词的内容和格律来写作诗词。文与可（1018—1079），名同，号笑笑先生，锦江道人，人称石室先生。北宋梓州梓潼郡永泰县（今属四川省绵阳市盐亭县）人。宋仁宗皇祐元年进士，神宗元丰初年赴湖州就任，世人称文湖州。著名诗人、画家，擅画山水，尤擅墨竹。苏轼表兄、挚友。横湖：湖名。

② 翠盖：翠羽装饰的伞，此处指荷叶。

③ 红妆：此处指荷花。

④ 天机云锦：神话中天上仙女织成的锦缎。

⑤ 从：纵，恣意，任意。

⑥ 练：白色丝织品。

六、于钦

（一）于钦介绍

元代史学家、中书省兵部侍郎于钦，由泉城济南曾数次乘舟船，沿小清河顺流而下，入游马踏湖中，考地理水貌，采民风俗情，并吟诵下了诗篇《锦秋亭》，写尽马踏湖的繁华和富庶。"霜风收绿锦，万顷水云秋。"此诗句把深秋马踏湖的壮美风光和绮丽景色表现得淋漓尽致。后人从首联上下两句之尾各摘一字，合为"锦秋"，用作湖名，故马踏湖从此又收获了一个雅号——锦秋湖。这是其得名的一种说法。

1. 于钦其人

于钦（1283—1333），字思容，山东益都人，元代著名的方志编纂家、历史地理学家、文学家，祖籍文登，后定居山东益都（今青州市郑母镇）。他器资宏达，以文雅擅名于当时。官至中书省兵部侍郎，奉命山东，为益都田赋总管。所著《齐乘》，是山东现存最早的方志，也是全国名志之一，久负盛誉。

于钦利用任中书省兵部侍郎奉命山东任职的机会，历尽艰辛，遍访齐鲁，实证考究，在掌握大量翔实资料的基础上，精心编纂成了《齐乘》一书。此书是山东存世最早的方志，被誉为全国名志之一，为后人研究山东历史特别是宋元时期的山东历史，提供了丰富翔实的史料。

2. 人物生平

于钦少年时曾游学于吴地。他才思敏明，博学多闻，一些饱学之士皆"折节与交"。集贤大学士郭公贯、浙江平章高公昉，最了解和佩服他的品行与才能。元延祐六年（1319），以非凡的才干被授予推西廉访使者书吏，未数月，擢升为山东廉访司照磨，其时适逢山东一带连年大饥荒。他体恤民情，曾行至滨县、棣县，见百姓生计艰窘，嗷嗷待哺，遂开仓济民，按人口补给。百姓受惠，免受饥寒和流离失所之苦。他还奉命赈恤济南6县及盐灶饥民。他劝令富户出粮赈灾，以致触动权要，而被宪司以"出粟太多，赈济太广"为借口，加以责问。当时饥民卖儿鬻女的很多，于钦到处查访，尽力为他们赎回。有的同僚攻击他这样做是"违反常例，沽名钓誉"，他置之不理。泰定初年，奸党未尽，于钦心忧社稷，上书数百言，极陈逆顺违从之故，奏请尽快惩治逆违者，但所涉及的都是显官要臣，闻之者都为他悬心。他任职期间，振肃风纪，据经守律，锐意进取，因而受到忌恨者的谗言诬陷。后来，他出任总管，实际是明升暗贬。

3. 人物评价

于钦精于方志，他认为，诗可以"陶冶性情"，但真正"有关于当世，有益于后人"的事，莫如"著述以彰显，修志以传世"。他看到古代各地均有志书，唯山东多兵难，古代志乘荡然无存，遂立志撰修齐地志书。他经常对人说："吾生长于齐，齐之山川、分野、城邑、地土之宜、人物之秀、此疆彼界，不可不纂而记之也。"

4. 个人作品

于钦利用在山东任职之便，"周览原隰，询诸乡老，考之水经、地记、历代沿革，分门别类，为书凡六卷，名之曰《齐乘》"。《四库全书总目提要》指出，"是书专记三齐舆地，凡分八类：曰沿革、曰分野、曰山川、曰都邑、曰古迹、曰亭馆、曰风土、曰人物"；梁启超认为《齐乘》"援据经史，考证见闻，较他志之但采舆图，凭空言以论断者，所得究多，故向来推为善本"；清代学者纪晓岚对《齐乘》评价很高，说它"叙述简核而淹贯，在元代地志之中，最有古法"。历代对《齐乘》都"推挹备至"。

5. 于钦与锦秋湖

（1）《锦秋亭》

元代史学家、中书省兵部侍郎于钦，到马踏湖考察地理水貌，采集民风俗情，写下了这首《锦秋亭》。

此诗道尽了深秋时节马踏湖寒芦霜天锁云烟的壮美风光，极具画面感。读过此诗，惊鸿蛙声一片，湖光水色连天尽显眼前。

据传，后人从其诗中组合出"锦秋"用作湖名，故马踏湖又称锦秋湖。

（2）《齐乘》

于钦利用任中书省兵部侍郎奉命山东任职的机会，收集大量翔实资料，精心编纂成《齐乘》一书。这是齐鲁大地最早的方志。

《齐乘》凡六卷，近10万字。卷首有序、目录，卷末附有其子于潜所作的释音、跋。共分沿革、分野、山川、郡邑、古迹、亭馆、风土、人物八类。资料翔实，体例完备，名山大川的变迁、郡邑城池的沿革，各地的历史名人，都精练地记述。

于钦编撰《齐乘》时，还充满情致地把自己的心路经历、感怀诗文也糅合进了字里行间，使篇章内容既显现着求实严谨，又张扬着宏大气度，还充满了诗情画意，且构成了立体多面、蕴意无边、化意无痕的自然之美、艺术之美和人文之美，可谓科考采风、遣兴抒怀两由之。

在《齐乘》"卷之四·古迹一"中，于钦记载了中统年间（1260—1264年），马踏湖人为感念苏轼所赋《横湖绝句》，而在传说的苏轼登临处曾建筑一亭，并命名为"锦秋亭"的史实。

传说，明嘉靖年间，为纪念于钦及苏东坡，马踏湖民众在李家台子建了一座"胜处祠"，门上匾额分别为"盟鸥""卷云泻练"；门联为"缅于公战马，怀苏轼神笔"；祠堂内楹联为"两代家杰留胜处，一朝明公治锦秋"。

沧海桑田，胜处祠已非，后人只能恭诵他的"锦秋"诗句和《齐乘》，在字里行间回味文辞的隽永与思想的深邃。

（二）于钦相关诗词

锦秋亭①

〔元〕于钦

霜风收绿锦，万顷水云秋。

海气②朝成市，山光晚对楼。

舟车通北阙③，图画入南州④。

且食鲈鱼⑤美，吾盟⑥在白鸥。

【注释】

① 锦秋亭：于钦《齐乘·古迹》记载："锦秋亭，博兴东南城上，中统间（1260—1264）邑人所建，取坡诗命名。盖齐地淄、时、般、泺诸水，汇为马车渎以入海。博兴宛在水中。舟楫交通，鱼稻成市。昔尝过之，爱其风景绝类江南，赋诗亭上。"文中所言锦秋亭"取坡诗命名"，乃是取苏东坡《和文与可横湖绝句》："卷却天机云锦段，从教匹练写秋光"中"锦秋"二字名亭。而后，锦秋亭作为山东名胜被载入《明一统志》《大清一统志》《山东通志》等志书中，且多是采用了于钦《齐乘》中文字。

② 海气：海面上或江面上的雾气。

③ 北阙：指元大都（今北京）。阙：古代皇宫大门前两边供瞭望的楼，泛指帝王的住所。

④ 南州：泛指南方地区。

⑤ 鲈鱼：马踏湖中盛产四鳃鲈，味道极鲜美。

⑥ 吾盟：与鸥鸟为友，比喻隐退。

七、徐夜

（一）徐夜介绍

明亡后，徐夜曾在马踏湖隐居。

徐夜（1614—1686），字东痴。原名元善，字长公，号小峦，新城人，幼时父亲去世，随母寄读新城外祖家，与从表弟王士禛交往深厚。14岁考中秀才，16岁举为副榜。清兵进攻新城。徐夜参加守城战斗。城破，母亲投井殉节，家人死难。清朝统治中原后，徐夜绝意仕进，以诗文自励，抒发自己的故园之情。

1657年，徐夜在济南结识顾炎武，二人志同道合，曾一同前往北京昌平吊明思陵（崇祯皇帝死后埋葬之地）。后游历江南，拜祭岳王坟，写有《拜岳王坟》诗："路入西陵日半曛，伤心瞻拜岳王坟。黄龙未就诸君约，碧血先埋大将军。徒见南枝巢越鸟，更无北帝返燕云。可怜父老中原望，子弟江南竟不闻。"表达了热爱故国的思想。徐夜游历各地，写下大量诗文。

康熙十七年（1678），皇帝下诏开博学鸿词科，求隐居文士进京应诏。山东有司两次推荐徐夜赴京应考，王士禛也数次推举，但他"志在沉埋，力以老病辞"，宁可受贫，也不应试。写《饥颂》诗道："曾无隔日粮，见笑仓间鼠。妻子晨未炊，饥来不敢语。伤哉此际贫，痴哉彼儿女。所以嗟来食，宁死不肯茹。"

徐夜诗文创作颇多，然多遗失。王士禛在京做官时，意将徐夜诗稿刊印，数次索要，但徐夜终没有给，只好将自己所藏徐诗二百余首刊刻为《徐夜集》二集。其后人收集其诗作，编为《桓台徐隐君诗集》，共四卷。

王士禛评徐夜文章原本《史》《汉》《庄》《骚》；诗似陶渊明，巉刻处更似孟郊，工于哀艳五言。

（二）徐夜故事

徐夜书屋

明末，清军降将李九成袭击攻占济南后，进逼新城。徐夜参与了保卫新城的战斗，新城陷落后，新城内生灵涂炭，徐氏家族中有十余人遇害，徐夜母亲也投井而死。国仇家恨填膺，徐夜有心杀贼，无力回天，痛不欲生，从此拒绝清朝功名，并更名为"夜"，意为思明向明，却不能复明，故又以"东痴"为号。

经历了国破家亡之难，徐夜志不仕清，隐居于马踏湖的青丘之上，将其住处称为"徐夜书屋"。

清中期，王氏续修三贤祠时，加修了"徐夜书屋"。书屋自成小院，屋内挂有徐夜绣像，绣像两侧分别悬挂着他有名的诗文。

西墙有："东痴诗似陶渊明，巉刻处更似孟郊"。

东墙画有徐夜与王渔洋共同埋首致学的壁画。

徐夜书屋位于马踏湖的青丘上。前为冰山遗迹，后是宽阔湖面，意为"水深鱼极乐，山秀任鸥翔"，是清初隐士徐夜与王渔洋共读的地方。现在的徐夜书屋是1990年重建的，书屋内古朴典雅。

生不事清

新城被攻陷后，徐夜家中多人遇难，母亲投井身亡，外祖父家四十余口死去。一时间，新城废池乔木，犹厌言兵。徐夜目睹清军暴行，有心杀贼，无力回天。国难家仇涌上心头，决心此生永不为清廷效力。

从此，他改名为徐夜，意思是指清政府暗无天日，在长夜里思明复明，开始了隐居的田园生活。

清朝面向关内开科取士后，徐夜的许多旧友至交纷纷参加科举，做了清朝的高官。徐夜也曾收到劝告，劝他求取功名。

徐夜明确拒绝了朋友们的劝说，在《答友人劝赴科第》诗中说："一瓢一衲野云间，绕屋清流学种田。欲从此中寻乐趣，梦魂不到铁牛山。"以"梦魂不到铁牛山"表示自己绝不效力清廷的决心。高珩在给徐夜的诗中也赞扬徐夜的志节："凤德久知关治乱，冰心岂但弃科名。梦向锦秋湖上去，娟娟雪月为君清。"随着清朝政权的逐步稳固，他"守贞特立，厉苦节以终其身"（黄容《明遗民录序》）。

新城民间亦流传着他的逸事：徐夜经常往来于张店、新城间。清朝建立后，他每次从张店回新城，总是倒骑或侧骑于驴背，以示自己永不"朝北"。

戏赋春联

晚年的徐夜，贫病交加，生活更加拮据。他曾作《饥颂》自嘲："曾无隔日粮，见笑仓间鼠。妻子晨未炊，饥来不敢语。……"好心的朋友便劝他改变不与朝廷合作的态度。山东有司力促徐夜赴阙求职，表弟王渔洋也在京向康熙皇帝荐举徐夜，并催他赴京。机会千载难逢，但徐夜不改初衷，皆以年老力拙而辞，继续过着清苦的生活。

一年，春节将至，家家张灯结彩，制作美食，迎接新春到来。而徐夜一家人却为无法过年而发愁，徐夜感慨万千，来到书房，提笔写出一副对联："赤身越过年去，单手抓回春天。"表达自己向贫困挑战的决心。

附：《东痴先生传》原文

先生初名元善，字长公，慕嵇叔夜之为人，更名夜，字嵇庵，又字东痴。世为济南新城人，曾大父守吾公准，万历间进士，历官云南布政使，时称山东四君子，公其一也。先生为从祖考功季木先生外孙，少读书外家，渐染风气，束发工诗，为外祖所爱。年二十九遭世乱，母死，遂弃诸生，隐系水之东。茅屋数椽，葭墙艾席，凝尘满座，晏如也。顺治辛丑，一游钱塘，过孤山，访林原文和靖故居；渡浙江，沂桐庐，登严先生钓台，酹谢皋父墓，裴回赋诗而返。又十三年为康熙癸丑，赴故人之约，西游宛邓。归，遂不复出。戊午、己未间，有诏旁求岩穴之士，士皆麟集阙下。有司将以先生应诏，力以老病辞。先生少为文章，原本《史》《汉》《庄》《骚》，工于哀艳，五言诗似陶渊明，巉刻处更似孟郊。中岁以往，屏居田庐，邈与世绝。写林水之趣，道田家之致，率皆世外语，储、王以下不及也。癸丑春，余与先西樵、东亭两兄过其村居，老屋三间，雨久穿漏，若将压焉。余遗书邑令曰："昔元道州状举处士张季秀，请县官为造草舍十数间，给水田几十亩，免其徭役，令得保遂其志，使士人识廉耻之方。又杨君谦《苏谈》记'中峰和尚草堂'，'冯海粟炼泥，赵松雪搬运，中峰涂壁'，吴人至今传为雅谈。今徐先生并日而食，箪瓢屡空，所居一亩，与蓬藋鼪鼯共之。明公诚能修式庐之典，捐草堂之资，继迹次山、海粟、松雪三君子者，亦佳话也。"又十年，先生年七十，贫益甚。余在京师，数寄书索其诗稿。先生每逊谢。乃就箧中所藏二百余首刻之。先生固千载，人传其诗，所以传其人也。又二年，赴故人约，卒于德安。先生貌癯而神清，望之如谿松露鹤，书法类虞永兴。在里中与余兄弟尤厚，因志其梗概云。

渔洋山人王士禛撰

译文：

先生初名元善，字长公，因仰慕嵇叔夜的为人，就改名叫徐夜，字嵇庵，又字东痴。世世代代都是济南郡新城县人。徐先生的曾祖父是守吾公徐准，明朝万历年间考中的进士，做官做到了云南布政使。当时有"山东四君子"的说法，守吾公就是这四君子中的一个。东痴先生是我的叔祖也就是有考功职衔的季木先生的外孙，年少时在外祖家读书，受外祖家风气熏陶，从束发（15岁左右）起就擅长写诗，受到外祖季木先生的喜爱。29岁时，遭逢社会动荡（指清兵入侵一事），母亲在混乱中死去，于是放弃了在学校学习以应对科举的事，在系水东岸隐居。住着几间茅屋，以芦苇做墙，以艾草为席，座位上凝满了灰尘，而先生坦然自若。顺治辛丑年（1661），到钱塘游玩过一次，经过孤山，拜访林和靖故居，又渡过浙江，溯流而上到了桐庐，登上严子陵钓台，在谢皋父墓前祭奠一番，徘徊良久，赋诗而返。又过了十三年，也就是康熙癸丑年（1673），因赴老友的约会，往西游览宛邓一带，回来后就不再外出。到了康熙戊午己未年间（1677—1678），有诏令寻求隐居的高士，高士们都像鱼鳞一样密密麻麻地聚集到京城。主管部门打算让东痴先生应诏，先生以年老多病坚决推辞了。

先生年少时写文章，受到《史记》《汉书》《庄子》《离骚》的影响，擅长写哀艳（指凄切而华丽）之词；写的五言诗与陶渊明相似，巉刻（指诗文风格清峭瘦硬）之处更像孟郊。中年以后，在田庐隐居，与社会远远地隔绝，喜欢描写山林河湖的乐趣，称道农家生活的情致，都是些世外之语，储光羲、王维以下的诗人难以企及。康熙癸丑（1673）年春，我与已故的西樵、东亭两位兄长到他住的地方拜访，看到他住的是三间老屋，雨下时间长了就漏水，像要倒塌的样子。我就给新城县令写了封信，信中说：以前元道州（元结，字次山，曾任道州刺史）推荐处士张季秀，请县官给张季秀建造十多间草房，给他几十亩水田，免除他的徭役，从而叫士人知道廉耻。又，杨君谦《苏谈》一书中记载中峰和尚的草堂，说冯海粟和泥，赵松雪（赵子昂）搬运，中峰涂泥墙壁，吴地人到今传为美谈。如今徐先生并日而食（指三两天才能得到一天的粮食），箪瓢屡空（指家中常常断粮），所住的一亩地，与蓬蒿鼪鼯共有。先生如果能登门拜谒，捐助修建草堂的资财，继元次山、冯海粟、赵松雪三君子之后，也是一个佳话。又过了十年，先生70岁了，更加贫穷。我在京城多次寄信给他，向他索要他的诗稿，先生每每谦逊地推辞。只好就我的书箱中所藏的二百余首诗刻印了。东痴先生本来是可以流传千载的人啊，流传他的诗，就是为了流传他的人啊。又过了二年，他去赴朋友之约，死在了德安。东痴先生形貌瘦削而精神清朗，望上去就像溪畔之松、惊露之鹤，他的书法与虞永兴（虞世南，因赐爵永兴县子而称"虞永兴"）相似，他在村里与我们兄弟交往得尤其好，因而记下他的大概情形。

渔洋山人王士祯

（三）徐夜相关诗词

闻歌①

辘轳②鸣，井深浅。楼高高，去何远？

【注释】

① 闻歌：徐夜14岁时，清明塾中放假，到郊外游玩，看到农民用辘轳提水浇地，有感而作此诗。王渔洋《带经堂诗话》："罗仲明尝语李宾之，三言诗亦可自为一体，以扇命作。李援笔题云：'扬风帆，出江树；家遥遥，在何处？'其意颇近古。予邑高士徐（夜）东痴，少时作乐府云：'辘轳鸣，井深浅。楼高高，去何远？'长白黄山人者，善琵琶，尝为谱之，视西涯作尤高古矣。诗谈云：'三言起于散骑常侍夏侯湛'。"

② 辘轳：安装在井边支架上，用手柄摇动的一种提水工具。

锦秋湖渔父词①

竹笠蓑衣共一船，载将明月入湖烟。

侬家②不解耘耔③苦，手把鱼叉即是钱。

【注释】

① 锦秋湖渔父词：选自清康熙《新城县志·艺文志》，本诗描写了湖区百姓打鱼为生，竹笠蓑衣月下捕鱼的情景。

② 侬家：自称，我家；侬，我。如苏轼《次韵代留别》："他年一舸鸱夷

去，应记侬家旧住西。"

③耘耘：耕作兴盛的样子。

登锦秋亭有怀①

博昌②耆旧③日凋零，怀古来登天畔亭。

鸿迹④偶然留剩雪，鸥盟⑤惟可问漂萍。

秋光映水全收绿，山色空浮欲坠青。

好醉黄公垆⑥畔酒，东风吹梦未曾醒。

【注释】

①登锦秋亭有怀：本诗写作者深秋晚照时登临锦秋亭，秋日美景在前，触景生情，抒发了对旧友的怀念，对自我身世的感慨。

②博昌：战国齐邑，唐代改为博兴，地近麻大泊，以"昌水其势平博，故曰博昌"。

③耆旧：年高望重者，此处指故老、老年旧友，如杜甫《忆昔》诗之二云："伤心不忍问耆旧，复恐初从乱离说"。

④鸿迹：鸿雁的足迹，比喻行踪、踪迹。

⑤鸥盟：与鸥鸟为友，比喻隐退。

⑥黄公垆：晋代著名酒家。垆：酒肆放置酒坛的土台子，借指酒馆。南朝宋刘义庆《世说新语·伤逝》中，"王浚冲为尚书令，著公服，乘轺车，经黄公酒垆下过。顾谓后车客：'今日视此虽近，邈若山河。'"王戎曾与嵇康、阮籍酣饮于黄公酒垆，嵇、阮既亡，王戎再过此店，为之伤感。后世以此典故比喻人见景物而哀伤旧友。

锦秋湖

一泓秋水挂城隅①，秀送尊鲈②入市沽③。

东海④浮沉宜问鲁，南州图画⑤想来苏⑥。

全吞云梦胸何有？几点岚烟见得无？

欲驾扁舟学范蠡⑦，并将姓名隐陶朱。

【注释】

① 城隅：古城的角落。城：薄姑城，今博兴。

② 蓴鲈：蓴菜、鲈鱼，泛指湖产。

③ 沽：卖。

④ 东海：鲁仲连故居在锦秋湖，即"鲁连蹈海"之东海。

⑤ 南州图画：徐夜以前的许多新城学者都将元代于钦的《锦秋亭》误认为苏东坡所作。

⑥ 苏：苏东坡。

⑦ 范蠡：春秋时期楚国宛地三户（今南阳淅川县滔河乡）人，字少伯，越国大夫，政治家、军事家。他帮助勾践兴越国，灭吴国，一雪会稽之耻，成就霸业。因看出勾践为人只可共患难，不能共安乐，便急流勇退，泛舟五湖。后浮海出齐，化名姓为鸱夷子皮，遂游于七十二峰之间。至陶，又称陶朱公，以经商致富，后世尊称为"商圣"。这两句表达了作者想隐居江湖的意愿。

春词十首（选一）

锦秋湖畔始萍生，煮铁山①中拂羽鸣②。

为是游人争上巳③，故将二月作清明。

【注释】

① 煮铁山：一名商山，今称铁山，在新城县东南部。东晋时南燕国主慕容德曾派人在此冶铁："立冶于商山，置盐官于乌帝泽，以广军国之用。"

② 拂羽鸣：鸣鸠拂羽，斑鸠抖翅鸣叫。《逸周书·时训》："清明之日，萍始生。又五日，鸣鸠拂其羽。又五日，戴胜降于桑。"书中谷雨分为三候：第一候，谷雨后降雨量增多，浮萍开始生长；第二候，布谷鸟开始鸣叫，提醒人们该播种了；第三候，桑树上开始见到戴胜鸟。

③ 上巳：节日名，俗称三月三，在农历三月的第一个巳日，魏晋以后改为三月初三。上巳节起源于兰汤辟邪的巫术活动，最初人们在此日到水滨洗濯，去除宿垢，同时带走身上的灾晦之气，称为"祓禊"。《论语》中"暮春者，春服既成，冠者五六人，童子六七人，浴乎沂，风乎舞雩，咏而归"写的就是祓禊的情形。后世在此之外慢慢发展出春游踏青、临水宴饮等重要节日内容。

八、刘大绅

（一）刘大绅介绍

题小喜雨亭

一

麦饼香流釜甑清，偶歌云汉亦愁生。

鱼龙湾上风雷夜，卧听湖乡作雨声。

二

谁怜辛苦尔编氓，旧令重来自有情。

西是避风东喜雨，不妨留此二亭名。

本诗选自《重修新城县志》，作者刘大绅（1747—1828），字寄庵，号潭西，云南宁州人，壬辰进士，两度任新城县令，为官清廉，爱民如子。乾隆乙巳泛舟锦秋湖，遇雨，避鱼龙湾西学舍，题为"避风亭"。及甲寅再至，时方旱，宿东学舍。其夜大雨，四野沾足，题为"小喜雨亭"并赋诗。后遵刘公意建成二亭，由其亲题匾额，成为湖上名胜。釜甑清：疏食清淡。偶歌：歌唱，吟咏。编氓：编入户籍的百姓。旧令重来：再度任新城县令。

译文：

空闻麦饼流香可惜无米下炊，吟唱着祈雨歌也为生计发愁。夜里鱼龙湾上风雷乍起，卧在床上喜听着湖乡的下雨声。

谁能怜悯你们这些辛苦的百姓？再度归来自是因为与你们有情。在村西题"避风亭"，在村东题"小喜雨亭"，不妨留下这两个亭的名字。

刘大绅（1746—1828），字寄庵，华宁县宁州镇人。清乾隆三十七年（1772）进士，四十八年（1783）任山东新城（今桓台）知县，适历三年大旱，大绅极力拯恤，以至不惜捐薪俸施粥，救活了许多饥民，百姓爱之如父母。乾隆五十一年（1786），令调曹县知县，新城县民向布政使苦求让其留任新城，未获准。正遇钦差和道员过境，数千百姓向他们哀求留大绅，遂得再留任新城一年，乾隆五十二年（1787）就任曹县知县，其灾荒尤甚新城，正当大绅苦求救灾办法之际，河督下令征调曹县万名民工修赵河堤数百丈。大绅立即把应调民工召至县衙，好言慰勉，以工代赈，发给粮食，使公私兼利。河堤两月竣工，民工无逃亡或患病者。接着，河督又令曹县征集修河所需秸料三百万斤。大绅以正值秋收时节请求暂缓征调，以免影响秋收。河督不准，并说要治大绅罪，百姓怕连累大绅，争先交纳秸料，不到十天就交足三百万之数。一次，大绅到乡间巡视，听到农民互相告苦说："谷贱银贵，田赋开征的期限将近，奈何？"他就对他们说："等谷物有好价钱再交田赋也不迟啊。"这话传到上司那里，上司以"擅作主张，拖延征期"怪罪大绅，并另派能吏到曹县代征，百姓唯恐失去大绅，奔走相约，及时交赋，及代征者到县，当年田赋已全部交清。上司妒其贤，又限期催收上两年因灾拖欠的五万多两赋银，并扬言说如不收齐，就另派他人取代刘知县，百姓很害怕，更是力完所欠赋税。

清乾隆五十三年（1788），大绅因病辞官，吏民遮道拜送，大绅不忍，只好答应不走，却被调任文登知县。时值新城县正筹备修城，因工程棘手，无人承担指挥之任，新城县民向布政使请求让大绅回新城，大绅不忍负新城百姓厚望，遂不去文登而领命到新城，修城工程竣工不久，上司以其在曹县"擅命稽违赋期"罪名陷大绅，将他削籍戍边，新城、曹县两县百姓捐钱为大绅赎"罪"，使其得免，后经大臣公推复官，任朝城（今莘县）知县，后升清州府（治所在今益都）同知。嘉庆八年（1803）调武定府（治所在今惠民）同知，遇蝗灾，大绅亲率吏民到田间捕杀蝗虫，又遇黄河水暴涨成灾，大绅奉命查灾赈济，他竭力任事，惠及灾民，有巡抚代嘉庆帝朱批"好官可用"四字，嘉庆十年（1805）大绅以母老辞官回乡。新城张万灵等乡绅特请人作《遗爱图》一套十九幅，绘大绅在山东各地事迹，以寄托对大绅的思念之情。

嘉庆十八年至二十五年（1813—1820），任昆明五华书院主讲，他以培育治国人才为己任。早在新城县任职时，他就以"务修德行，勿以记诵词章诡取功名"劝诫诸生。既掌五华书院，当时学生们只求应付科举，不图成就真才实学，他就以经史诗文教授学生，使学风大变，他还精选学生诗文刊印成《五华诗存》。学生中有学业优异者戴炯孙、杨国翰、池生春、李于阳、戴淳五人，世称"五华五子"。大绅擅赋诗作卷，均收入《云南丛书》，其书法古朴淳厚，恰如其人。

（二）刘大绅故事

刘大绅避风亭

据《重修新城县志》记载：邑侯刘大绅，字寄庵，乾隆乙巳年，泛舟锦秋湖，遇风，避于鱼龙湾学舍，题为"避风亭"；及甲寅年再至时，方旱，宿东学舍。其夜大雨，四野沾足，题为"小喜雨亭"。据调查，避风亭旧址在鱼龙湾北口西岸，与卧龙湾举首相望。是刘大绅第一次任新城县令时，于1785年泛舟湖上避风留宿处。避风亭当时是濒临锦秋湖面对湾口道的一处私塾，环境优雅，房舍古朴典雅。堂屋三间为塾师讲学用，东西耳房分别为伙房、宿舍，三间南屋是学生读书堂，门楼朝东面水。为纪念刘公胜迹，塾师巩谦光倡导，于道光年间将其改建成下门道上亭台的二层门楼。青砖瓦，黑亭柱，挑角灵秀，十分雅致。又依湖傍水，更显得翼然挺拔。卓立于上层的亭额为刘大绅题书的"避风亭"三个大字。门前清流，杨柳垂弯，波光倒影，甚为秀丽。避风长夜，风息雨注。刘大绅诵读了王象晋的七言绝句《锦秋亭》后，便步其韵题《聚龙桥》一首和之："廿年遗爱未全消，十里青葱见稻苗。何以使君恩似水，至今不识聚龙桥。"后人为纪念刘大绅，于书屋内壁画有四幅图：一为《甘雨随车图》，以缅怀刘公下车于途，延访民隐，而甘雨应时；一为《祷雨图》，并题刘公祷雨誓言：三日不见听，不食，五日不见听，不饮，七日不见听，宁与民俱毙，以怀刘公体恤民艰；一为《谆尚实学图》，以效刘公重视培养人才，为诸生讲课谆谆以教；一为《礼土崇节图》，以思刘公接贤纳士，愿同明相照，重表人之善。

九、"家乡名人"综合美育活动

【活动名称】

"我为家乡代言"之三：考察家乡名人。

【活动目的】

了解家乡历史，提升文化自信，传播家乡美名。

【涉及学科】

历史、地理、语文、政治。

【活动用时】

半学期。

【活动方案】

1. 成立小组

成立"考察家乡名人"兴趣小组。

2. 明确分工

小组成员可以组成小组，负责不同区域（如自己的家乡）。

3. 对象分类

历史名人（包括传说）、近现代名人、当代名人、新时代名人。

4. 明确条件

现当代、新时代名人要能展示家乡正能量，为家乡做贡献，为家乡扬名，为国家做贡献。

5. 活动方式

历史名人主要依靠史料、乡亲口耳相传的故事。近现代更要重视资料的收集，特别是媒体资料。当代名人，如有可能，进行采访。

6. 介绍名人故事

将名人的故事写成文章或者做成PPT、视频等。故事叙述要夹叙夹议，传播正能量。

7. 成果展示

开展"讲述家乡历史"活动。在班级内讲述家乡名人；借助讲坛平台讲给全校同学，在学校公众号发布，在网络平台发布。

第五章

马踏湖符号

马踏湖风景优美，物华天宝，人杰地灵。在时间的积淀与造化的偏爱中，逐步形成了独具湿地特色的自然符号、物产符号与人文符号。

一、万亩芦荡

马踏湖湿地地势低洼，湿地植被以芦苇为优势种群，形成了万亩苇荡的特色景观。连绵不断的芦苇荡，粗犷豪放，给人以大自然返璞归真的感觉，随着四季的变化交替，湖区苇荡呈现出不同的季相景观：春夏季节，湖面上绿苇摇曳，沟渠内绿水浮鸭，岸边翠柳摇风，港汊迷离，驾船巡游湖中，风趣天然；金秋时节，乳白的苇穗在晨曦中摇曳，像轻盈的白雪随风飘荡，风情万种，又仿佛草原成群结队的羊群，再现了"天苍苍，野茫茫，风吹草低见牛羊"的草原风光；隆冬时节，芦花飞扬，像漫天的白雪随风飘荡，情趣万千。

马踏湖芦苇（摄影：张树礼）

二、千姿莲荷

湿地公园内河塘密集，公园东部的湖区内分布着连片的荷花塘，碧水之中生长着各个品种的荷花，有红莲、白莲、重台莲、洒金莲和并蒂莲等众多品种。每到盛夏，荷塘内朵朵荷苞如出水芙蓉，片片荷叶层层起伏，如伞盖遮天，随着夏日微风舞动，跳跃而具有动感，清新绽放的荷花透出生命的活力，千姿百态，楚楚动人。放眼湖内，但见泼红流绿，叠翠铺锦，引得游人心情舒畅，流连忘返。"接天莲叶无穷碧，映日荷花别样红"正是这千姿莲荷景观的真实写照。

三、百鸟翔集

马踏湖芦苇浩荡、荷花锦簇，独特的生态环境吸引了众多的珍稀动物栖息、繁衍。仅以野生鸟类而言，就有小天鹅、白鹳鸽、白腹鸫、黑翅鸢、长耳鸮、斑嘴鸭、白骨顶鸡、白鹭、池鹭、夜鹭、黑翅长脚鹬、凤头鹛鹛等。这些美丽的鸟儿，有的在此安家落户，有的冬去夏来，还有的只是把这里当作长途旅行中歇歇脚的驿站。

每至迁徙季节，候鸟和旅鸟成群结队，或翱翔蓝天，或漫游水面，在这片广袤的湖面上尽情嬉戏，俨然就是一个鸟类的天堂。夏季乘船游览，水面上野鸭嬉戏、白鹭翔舞，芦苇荡内苇莺齐鸣，自然野趣横生，有一种"芦丛荡舟，曲径通幽，迷宫观鸟，乐而忘返，一望无垠，如诗如画"的美妙意境。

马踏湖鸟类（摄影：巩本忠）

四、金丝鸭蛋

自古以来，因地理优势，马踏湖鸭鹅众多，家家户户都能看到白鹅、灰鸭的身影，更有不少人以养鸭为生。马踏湖里鱼虾多、蛤螺多，水草繁盛，是鸭子的天然食料场，所产鸭蛋品质极好。湖鸭产的鸭蛋，外观圆润光滑，皮壳是清一色的浅青色，因而马踏湖人习惯把鸭蛋叫作青皮。破壳来看，内里生有一层蛋黄油圈，生挑能倒挂成金丝，熟透能凝作橙光蟹黄，被称为"金丝鸭蛋"。

金丝鸭蛋可蒸可炒，腌制是比较常见的食用方法，一般为水中腌制或黄泥腌制。

制作时将湖泥倒入器具内，加入适量盐、水搅匀成糊状，然后将洗净晾干的优质鲜鸭蛋逐个放入，均匀地粘上黄泥后取出，放入坛子或瓮中，一个月后即可洗去黄泥蒸食或煮食。食用时刀切两半，浅青的蛋壳，白嫩的蛋清，油汪橘红的蛋黄，在蛋清与蛋黄交汇部位有蛋黄油溢出，吃到嘴里香而不腻，肉质酥、沙、柔。

五、踩藕

马踏湖有藕田四千多亩，因所开的莲花是白色，故称"白莲藕"。白莲藕是马踏湖特产之冠，它要经过萌芽、展叶、开花、结实、膨藕、休眠等多个生长发育阶段。白莲藕春暖后植秧，6、7月份做藕，这时的藕当地人俗称"新藕"。采片荷叶把藕包好，轻捶击碎，拌些白糖，吃起来爽心甜脆。到了冬季，藕完全成熟，开始供应春节前后百姓餐桌。

沿湖各村尤以鱼龙湾为最多，踩藕人大多数集中在这个村。为了使白莲藕卖个好价钱，湖区人选择腊月天破冰踩藕。下藕池前，必须穿上一种当地叫"胶叉"的外衣，即用橡胶做的连体衣裤。穿上它，从两脚一直到脖子，全被包了起来，避免冷水浸湿衣服。藕池里若没有冰缝，人们就用鼓槌使劲敲出来。破冰得用一种叫镩的工具，湖区人叫镩凌。踩藕人砸开冰封的藕池开始踩藕，刚开始还觉得十分寒冷，渐渐地，腿脚就不是自己的了。

冰下是刺骨的水，水下是乌黑的泥，泥中是洁白的藕。为什么叫踩藕呢？

踩藕人下藕池的那一刻，要用脚底的触觉判断藕的位置和走向。什么事都是熟能生巧，有经验的踩藕人虚着脚轻轻一踩就知道藕在哪里，用手一摸，不管摸到哪一节，就知道是顺着还是逆着，要朝哪个方向用力。踩藕人凭借多年锻炼出来的"脚感"，脚在泥和藕之间游刃有余。

藕长在泥里横七竖八，一支完整的藕往往五六节连在一起，一米多长。能从泥里把它完整地取出来，这是个技术活。踩藕人顺着藕杆下脚，先踩到长藕的地方，用手从冰水里将藕拔出，然后将藕清洗干净。藕要是踩断了，就容易进水、进泥，不仅品相差，也不好吃，更卖不上好价钱。踩藕的功夫好不好，就看能不能把藕完整地、成支地从泥水里取出来。

藕有七孔、九孔、十孔、十一孔之说，而马踏湖白莲藕满是九孔。所谓藕孔，其实是藕的通气组织，与藕鞭孔道、叶柄孔道和叶片相连相通。马踏湖的白莲藕，横切面九个孔最明显，数量也是固定的，就像人的手指数是固定的一样。

马踏湖白莲藕内含丰富的蛋白质、脂肪、碳水化合物、钙、磷、铁以及维生素B和维生素C，有明显的补气益血、增强免疫力的作用。在马踏湖区，一亩藕池大约收获四千斤藕，一个人一天大约踩藕五百斤。一支支白莲藕被从泥水中踩出，被湖水冲洗后装箱运到了乡村城镇的菜市场，成为春节前后餐桌上一家人津津乐道的美食。

（节选自巩本勇《马踏湖的冬天》）

六、溜子

俗话说南船北马，泛指南方多水，北方多陆。然而在鲁北平原的马踏湖，也可见到操舟渡河、运载物品的北国江南水乡之景。祖祖辈辈生活在马踏湖的人们，都把木船称为溜子。马踏湖里的溜子，无帆、无舵、无遮篷，只有一个光溜溜的船身。小船不大，长五六米，宽一米多，船体虽小，载的分量可不轻，一吨多重的货物不在话下。小船能坐十几人，中间也可设桌，稳稳当当。

溜子是汉语词汇，拼音liūzi，旧时指官员出巡时逐站传索供应的一种文件。《儒林外史》第四十二回："叫小厮拿了一个'都督府'的溜子，溜了一班戏子来谢神。"《儒林外史》第四十九回："又发了一张传戏的溜子，叫一班戏，次日清晨伺候。"煤矿中一类槽形运输器械的统称。《人民日报》1949年6月25日："矿方正于各个溜子的尽头，添筑竖轨、石堆及栏杆，尽量避免因矿车放的太快，操纵失灵，以致人车顺溜子而下的危险。"郭小川《矿工不怕鬼》诗："长长的皮带，窄窄的溜子，从一道道难关溜下一块块煤。"向春《煤城怒火》第二十三章："朱大顺看一个汉子蹲在溜子头前，便仔细打量。"

小船称为溜子，在马踏湖是方言土语，意为小船像离弦的箭一样，在水面上行驶得飞快。

散居在马踏湖区的几十个村庄，均匀地分布着，形成了一座水城。有的农家一面临水，有的团团被水包围着。马踏湖区的人和溜子有着不解之缘，串门走亲戚、赶集上店、送孩子上学用溜子，下湖捕鱼捉蟹、放鹅放鸭用溜子，侍弄蒲苇藕以及台田上的庄稼也用溜子……

大海大江大河里的船是造的，马踏湖里的船是打的。

马踏湖溜子主要以桐木、榆木、杉木等优质木头为主原料，辅以铁钉、麻丝、石灰、桐油等，湖区人称作捻溜子。钉木船要选择天然的老龄树木，树龄要求必须在好多年以上，这样的木材材质结实、有韧性，所造之船吃水浅、浮力大、能载重，轻巧灵敏，坚固耐用。船造好之后，为了防腐，保证船体经久耐用，必须油船三遍。新船油好经过一段时间，等桐油完全干透后就可以下水了。

溜子也需要维护和保养。每年湖水结冰前，人们都把自家的溜子抬上岸。找来当地的捻工，用麻捻塞紧每一条船缝，然后用桐油与石灰和成的油腻子封牢。湖区人把这个修船的过程称为"捻溜子"。在他们心里，溜子是游走的桥，也是休憩的巢。很难想象，马踏湖若没有了溜子，会是一个什么样子。

溜子向前行走，得用一根竹篙来撑。马踏湖驾溜子是有学问的，拿起竹篙，光用臂力不行，腰胯腿脚都得使劲，不然的话，任你本事再大，小船光在水里打旋，不往前行。湖区的人们从小在水里的溜子上滚爬，熟中生巧，驾起溜子来才那么自如，不费拙力气。倘若有人首次驾溜子，湖水会帮你做戏，把你掀下溜子，让你大出洋相。

农忙时节，溜子成了水乡人重要的交通运输工具。每逢收获季节，湖中散发着清香，这时，溜子正式派上用场，它们在弯弯曲曲的河道里行驶，一只接一只出入桥孔，驶向岸边，给湖区的人们载来了丰收的喜悦。无处不在的美如同马踏湖无处不在的舟，一根竹篙就可以撑出一片风景。在水光潋滟的马踏湖，溜子从摇曳的芦苇荡里一直伸向那翠绿的河道深处，饱览水乡美景。

（节选自巩本勇《马踏湖溜子》）

湖区居民房前屋后及沟汊中的溜子（摄影：崔佃金）

七、露水集

所谓"露水集"是黎明时分短暂存在的一种特色集市。"傍水人家不种田，日将轻棹入芦烟。饭炊菱米羹莼菜，卖得鱼钱作酒钱。"〔王允榛《锦秋湖竹枝词四首（其四）》〕传统中，湖区民众尤其是鱼龙湾百姓，大多沿河渚湖岸而居，房前屋后水湾错落，人们趁夜色布下的"迷魂阵""地笼""鱼筌""大箔圈子""灯诱光照"等捕鱼器具，在每天黎明前就会收获许多鲜活旺跳的鱼虾，趁着新鲜，赶紧到"露水集"卖掉。莲藕及各类菜蔬，也趁着水灵鲜嫩时带到早市上出售。"露水集"上，簇簇渔火灯笼之间，湖民和商贩汇集到一起，熙熙攘攘，一片热闹景象。

"露水集"大约兴起于清康熙年间，当时乌河入湖处各村庄桥头就有了早起卖鱼虾的人；到了乾隆年间，更形成远近闻名的"黎明桥市"，即"露水集"。起始以交易鲜鱼活虾等水产为主，兼有湖区特产，如白莲藕、荷花、莲蓬、茭白、蒲菜等时鲜特色菜蔬，还有野鸭、大雁之类禽鸟，而后又增添了野生于湖洼之地的泽兰（俗称地环子或地笋）、薄荷等新鲜中药材。后因藕商渐多，渔贩云集，傍桥的河岸两侧曾设立多处藕栈（俗称秤屋），选专人掌秤课税。各藕行为了笼络招徕外地客商，专门使用"加五"批发大秤以示优惠，即每斤为21两，销售价格却与每斤16两的相同。

久而久之，这些地方便成为湖乡规模颇大、人气极旺的莲藕、鱼虾、青皮鸭蛋等湖产的集散码头。天刚破晓，做买卖的人们便云集桥头市场，乌河河道中通常有上百只藕船渔舟陆续停靠，码头上下人头攒动，岸边鳞次的店铺门洞大开，成溜的商贩车辆排列路旁，街道之上提筐挎篮的、推车挑担的熙熙攘攘，中介秤官的裁码声清脆悦耳，交易便很快进入高潮，其买卖兴隆的景象，如同一幅真实版的"清明上河图"。

"露水集"交易至上午八九点钟，耽误不了湖区百姓下湖洼劳作。

（选自逯志山作品）

八、老粗布

（一）介绍老粗布

老粗布，又名老土布，是几千年来劳动人民世代沿用的一种手工织布工艺。它质地柔软，手感极佳，透气性好，无静电反应，持久耐用，色彩艳丽但不张扬，是家居和服装的首选面料，具有收藏和使用双重价值。冬暖夏凉，透气性好，不易搓起、不卷边、抗静电，又因其线粗纹深，整个布面形成无数个按摩点，对人体皮肤能起到意想不到的按摩作用，具有良好的保健和美肤作用，尤其适合老人和孩子。由于老粗布采用纯棉纱为原料，全部工艺采用纯手工制作，产品为绿色环保产品。在人们崇尚自然、渴望绿色的今天，老粗布以其手感厚实、肤感舒适、冬暖夏凉、透气吸汗、防静电等特点，成为人们追逐时尚的热点，成为现在孝敬父母、馈赠亲友的佳品。

老粗布的织造工艺极为复杂，从采棉纺线到上机织布，经轧花、弹花、纺线、打线、浆染、沌线、落线、经线、刷线、作综、闯杼、掏综、吊机子、栓布、织布、了机等72道工序，全部采用纯手工工艺。在纺织技术飞速发展的今天，老土布工艺流传至今，堪称奇迹。它的图案可以从22种色线变幻出1990种绚丽多彩的图案，堪称千变万化，巧夺天工，每道工序、每件产品都包含着繁复的劳动，更让人叹为观止。

老粗布（摄影：赵亮）

（二）老粗布的传说

传说汉朝时，有个叫董永的人，勤劳朴素、诚实纯真，家贫，父死无力埋葬，甘愿卖身到地主家当长工以尽人伦之礼。七仙女是玉帝之女，她虽然身为仙女，但向往人间的自由生活，同情董永遭遇，爱慕董永人品。她大胆追求自由幸福的婚姻，不顾自己身份尊贵，不惜触犯天规天条来到人间，甘愿与董永一起过普通劳动人民的生活。与董永结为夫妻后，七仙女亲自为董永织锦偿债赎身。此后，这里的女子都织得一手好锦，世代相传，一直到今天。

这个董永传说是山东滨州市博兴县董家庄人。这里的麻大湖，和桓台的马踏湖其实是一体的。湖区的手工纺织手艺已经有近千年的历史。

传统手工纺织纯棉布在我国虽有着悠久的历史，但近几年的工业化大生产逐渐使它离开了自己的舞台，但它人性化的质感，返璞归真的文化感觉，没有被人们所淡忘，已经逐步流行开来，成为追求时尚、追求自然的人们的新宠。

九、马踏湖草编

（一）草编介绍

据《桓台县志》记载：清同治年间，苇编技艺由南方商贾传入，初授于田庄镇宗王庄，后流传于马踏湖区各村庄。苇编取料于当地所产芦苇，制作苇篾，编制席、筛、篮、笼、屏风、渔具等多种用品。

鱼龙、华沟、夏庄等村，编席的历史较长，多少年来，家家户户、男男女女，都会编席。编席用的篾子，制作工序比较复杂。先将芦苇用劈刀劈开，用水浸透后，用碾子压平，去皮打节，再用碾子压软。晒干后，才是编席篾子。湖民编的席，花样多，规格多。以用途分，有苫席、炕席、炕围子席、床席等。大部分编席者每天可编一张，稍快者可编两张，高手能编三张。不论编织哪种苇席，主要有踩角、织席心、收边三个步骤。踩角，起头用五根苇篾，织的时候用苇篾要一根是根，另一根是梢，根梢轮换交替使用。织席心，根据不同的花纹采用不同的编织法：有挑一压一法、挑二压二法、隔二挑一压一法、挑二压三再抬四法等。苇席的花样变化多端。但不论编织哪一部位或者哪一花纹，始终要保持手势一致，一般是左手抬、右手压。还有，在编织过程中要注意席花的紧密，随时用撬席刀子挤紧，只有这样，才能编织出受人喜爱的高质量苇席来。收边，又叫窝边，撬边是苇席编织中最后的一道工序；有焖苫席、舒苫席、压边席等。（选自巩本勇《马踏湖的苇编》）

苇编制品结构紧严精巧，苇篾交错，融艺术与实用为一体，既具有生产实用价值，又有艺术欣赏价值。有的苇编艺人，可在苇席上编织花草和"福""寿""双喜"等多种图案字样。20世纪50—60年代，苇编工艺处于鼎盛时期，湖区几乎家家户户都搞苇编。80年代，商品经济发展，苇编工艺品远销国内外，技艺要求较高，从业人员相对集中。

马踏湖盛产蒲草、芦苇等水生植物，湖区人充分利用当地资源优势，编织各式各样的生活用品和工艺品，产品主要有蒲扇、蒲鞋、蒲团（坐具）、草帽、芦苇画、柳篮、家具系列等。产品结构严谨、精巧，形状各异，美观大方，持久耐用，集艺术与实用于一身。

20世纪80年代，蒲、苇、柳编工艺处于鼎盛时期，湖区几乎家家户户都搞蒲、苇、柳编。湖区人开拓创新，相继开发出更绿色环保和新颖的特色产品，远销日本、韩国及欧美等国家和中国香港等地区，为湖区人开辟了新的致富之路。

近年来，随着马踏湖国家级湿地公园开发的不断深入和旅游事业的发展，当地人民主动适应市场需求，利用湖区特有的自然资源，编织十二生肖、丹顶鹤、蝉、螳螂、壁虎、大象等鸟兽工艺品。湖区的苇草、纸绳等自然资源，经过他们的巧妙编织，就会成为栩栩如生的工艺品。

当地著名柳编艺人韩光英多次参加省市非物质文化遗产博览会，其作品深受人们欢迎。在2016年第四届中国·博兴编织工艺品博览会上，其草编腾龙工艺品获工艺美术精品金奖。在2017年中国·淄博玉黛湖花灯艺术节上，她的十二生肖作品被游客抢购一空。她还被张店开发区第四小学特聘为手工艺品老师，为五十多个孩子教授草编工艺品制作。

（二）芦苇画、芦苇宫灯

1. 芦苇画

在马踏湖区，芦苇是最常见的水生植物，也是一种重要的经济作物。湖区人用芦苇编织苇席、苇帘、渔具等各式各样的生活用品，也用它制作特色鲜明的艺术品——芦苇画。2014年6月，芦苇画入选桓台县第四批非物质文化遗产名录。

2. 芦苇宫灯

起凤镇夏二村村民田江承另辟蹊径，用自己灵巧的双手发明了芦苇宫灯。

田江承从小就跟着长辈们学习芦苇编织的技巧，这几年，他一直想着创新芦苇编织的技艺。从2010年起，他就开始琢磨编织芦苇宫灯。良好的美术功底让田江承在芦苇宫灯的造型上如鱼得水。在编织过程中，田江承经历了多次失败，他利用圆形的木头墩子，成功解决了宫灯变形的问题，使宫灯整体造型和曲线更加优美。

芦苇宫灯的最大优点是可以长期使用，并且不会随风飘动。芦苇宫灯还具有浓郁的湖区风情，因此很受市民的欢迎。

十、水上婚俗

马踏湖水上婚俗是湖区人长年来的生活习俗与婚庆文化、戏曲文化结合的产物。世世代代居住在马踏湖畔的湖区人以船代步，又酷爱戏曲艺术，同时也对婚庆活动异常重视，于是将三者结合起来，采用中国古典京剧的模式对婚事进行包装，同时继承了原有的水上驾船迎亲娶亲的传统形式，形成了今天马踏湖区特有的水上婚俗形式。

水上婚俗大约在明朝末年形成，距今有300多年历史。因为湖区河道纵横交错，村民住宅被流水隔开，还有一部分人家生活在湖区的台田上，日常生活最常用的交通工具是船，同时它也成为湖区儿女结婚的最优选择。新郎娶亲一般用五六只船，均用彩色绸缎装饰成陆上花轿的样式，新郎、新娘各坐一只船，锣鼓队、旗手乘一只船在前方引路，提水茶面、打灯、拿红地毡及陪娶的人分坐剩余的船只。锣鼓队、旗手船先行，提水茶面的随后，娶亲船到女方家，先在水上放荷灯，后登岸放鞭炮。新郎到女方门前要付开门赏，宴罢付赏，披红戴花，由管家指挥新郎向新娘行跪拜礼。随后，新娘头罩红纱，男前女后踏红毡上船。（结婚流程参考巩本勇《桓台婚俗》）

十一、春节戏曲文化节

湖区人酷爱戏曲艺术，几乎每个村都有一支业余的戏曲艺术团，每到农闲时聚在一起表演，丰富农村文化生活。特别是到了年根春节临近时，活动也更为活跃，一些有条件的村聘请外地专业表演团队来村里表演节目。主要的艺术形式有京剧、吕剧、踩高跷、舞狮、大头娃娃表演等。久而久之，每年春节时，湖区各村举办的各种形式的戏曲活动形成了规模很大的春节戏曲文化节，受到了当地百姓的欢迎。

十二、田氏正骨

2007年，经山东省经贸委组织专家评审、复核及社会公示，认定全省42个企业（品牌）为"山东老字号"，其中桓台县起凤正骨医院榜上有名。

第一个叫响"田氏正骨"这块牌子的人叫田殿举，那是清道光年间的事了。据记载，在田殿举年轻时的一个隆冬，他爬树砍柴时不小心失足落地，摔断了右腿，经过当地大夫数月的治疗未见成效。后来河北的一位中医骨科老医生给他进行了手法整复，然后外敷膏药，戴束板夹护，又内服汤药，不久便完全康复。田殿举感恩之余，得知老医生孑然一身，晚景凄凉，于是拜老医生为义父，极尽孝养。老医生便将家传正骨术和接骨膏的秘方交予田殿举，并告之说："此方善治骨折，如将鸡犬腿骨折断，贴膏固定不过十余日，即可愈复，奔跃如故。"在得到正骨术和制膏技艺的真传后，田殿举开始在乡间行医济世，救人无数。田殿举先生乐善好施，治病不分贵贱、资费有无，以治病救人为先。从此，"田氏正骨"的技艺和膏药远近闻名。在多年探索实践的基础上，田殿举又发明了超越义父的田氏正骨秘方和制膏秘方，此后代代相传。

中华人民共和国成立后，田氏数名后人在起凤镇医院工作，并特设了中医正骨专科。在正骨过程中，配以X线透视等现代化临床诊断设备，技术日益提高，疗效也日益显著。为了更大范围地造福人民，田氏中医正骨第四代传人田宜瑚主动向国家献出了历经四代、珍藏了百余年的祖传接骨膏秘方，并根据多年临床实践总结出一套全新的治疗原则和方法，使祖传医术有了新的发展。

第二代传人田淑玠（1852—1935），系田殿举之子。相传他目不识丁，但聪颖好学，悟性极高，因而尽得父传。他常以治术不显而饮恨，便广泛拜师访友，虚心请教，并常独自静坐，用手探测和细心揣摩自身骨骼与关节的结构，一一默记。田淑玠治绩显著，无论腰椎、肋骨和四肢骨折或关节脱臼、脱位，凡经其手，多获痊愈；即使开放性骨折或粉碎性骨折，也无例外。至此，田氏正骨已胜过前辈，名噪州县，获有"大先生""活神仙""神医"之称。田淑玠虽为名医，但谦恭处事，平易近人，医德高尚，有"和义共仰"之誉。

第三代掌门人田承禄与兄田承福均承继父业。田承禄主以正骨，田承福主以膏方，兄弟二人分工又合作，应患者需要，扩大医疗规模，开设了"瑞生堂"药店，并设有治疗床位。远近求医者日益增多，治愈率也大大提高。田氏中医正骨名声大振，传扬四海。

第四代传人田宜瑚（1923—1981），他自幼随父行医，得真传，后调入起凤镇医院工作。医院并为其专设中医正骨科，配以助手。16岁就能独立出诊，效验非常，颇有名气。他根据多年积累的实践经验，总结出了一套新的原则和方法，使祖传医术有了新发展。他医术高明，经验丰富，医德高尚，前来就诊者遍及全国各地，被赞"妙手回春"。他发扬光大祖艺，对下一代认真培养，严格要求，其长子田茂恒、三子田茂杰及侄儿田茂梓、田茂桐皆在各地医疗岗位上担负着中医正骨工作。

第五代传人田茂宁，很好地掌握了祖传正骨的技艺和制膏配药的各种秘方。他继承父亲的高超医术、尊重科学的态度以及坚韧不拔的探索精神和一心为民的高尚品质，得父亲真传，加之天资聪明，技艺大进。1997年，田茂宁创建了起凤正骨医院。他在坚持"继承而不拘泥，发扬而不离宗"的原则下，博采众家之长，融传统正骨和现代先进医疗技术为一体，走出了中西医结合的新路子，现已形成了以中医正骨为主体、西医手术为辅助的从医模式。求医者遍及齐鲁大地，辐射到了周边各省，甚至北京、上海、内蒙古等地。自1998年以来，连续被评为县优秀共产党员、首批县学科带头人、十佳名医、县劳动模范、淄博市中医工作先进个人、卫生行业行风建设标兵等。

第六代传人田昭学，自幼深谙医道，继承和发扬了"田氏正骨"的精湛医术与传统秘方，声名远扬，现为桓台田氏正骨医院院长、主治医师。

田氏中医正骨自创立至今，历时140余年，其历代传人卓然不凡的正骨医术，精妙超群的膏剂配方，不仅仅是田氏家族的宝贵财富，更是民间医学的宝贵财富，其价值不可估量。为保护这一品牌，田氏正骨的后人们申请"中华老字号"，并于2007年申请成功。

十三、"马踏湖符号"综合美育活动

【活动名称】

寻找马踏湖魅力符号。

【活动目的】

了解家乡风物，提升文化自信，传播家乡美名。

【涉及学科】

地理、历史、语文、美术。

【活动用时】

半学期。

【活动方案】

1. 成立小组

成立"考察马踏湖魅力符号"兴趣小组。

2. 明确分工

班级学生分为不同小组，负责不同领域。

3. 对象分类

自然符号、特产符号、文化符号（如方言等）。

4. 明确条件

能体现马踏湖特色，体现家乡风物魅力。

5. 活动方式

实地考察、采访马踏湖区村民等。

6. 汇总考察和访谈成果

将考察和访谈成果写成文章或者做成PPT、音频、短视频等，要求内容真实、具有美感。

7. 成果展示

开展"展示家乡魅力符号"活动。借助渔洋讲坛平台展示给全校同学，在学校公众号发布，在网络平台发布。

第六章

马踏湖诗文

　　"马踏湖畔，绿树成荫，湖水纵横，环绕在村……"华沟村小学校歌简单质朴的歌词唱出了马踏湖的美丽风光。马踏湖不是一个单一的湖泊，而是一片由众多河流、池塘、湖泊等组成的湿地。湖区内河道纵横，达2100多条。这些小河，长短不一，宽窄各异，有直有弯，如脉络般交错互通，因而几乎"村村靠湖，家家连水，户户通船"，有"塞北小江南"之美誉。

　　自桓台建县以来，这里就是闻名遐迩的游玩之地；近几年，这里更成为风光秀丽的国家湿地公园。曾经许多厌倦宦游生涯的官员期望来此隐居，众多骚人墨客在此胜景留下了不少脍炙人口的诗文佳作。

一、古代马踏湖诗文

锦秋湖夜泛①

〔明〕刘宁

波光潋滟②碧天同，短棹③轻航五两④风。

日暮荡漾千顷阔，月明欸乃⑤一声通。

蒹葭水⑥外堪招饮，鸥鹭滩边足寄穷⑦。

剩有扁舟横野渡，凭谁收取济川功⑧。

【注释】

　　① 锦秋湖夜泛：本诗选自明天启年所修《新城县志》。作者刘宁原注"乡进士"，生平不详。

　　② 潋滟：水波荡漾。如苏轼诗中"水光潋滟晴方好，山色空蒙雨亦奇"。

③ 棹：划船的一种工具，形状和桨差不多；此处指船。

④ 五两：古代测风器。古人用鸡毛五两结在高杆顶上，以测风向。如唐代王维《送宇文太守赴宣城》中"何处寄相思，南风吹五两"。

⑤ 欸乃（ǎi nǎi）：象声词，摇橹声。如唐代柳宗元《渔翁》诗中"烟销日出不见人，欸乃一声山水绿"。

⑥ 蒹葭水：生满芦苇的湖水。

⑦ 寄穷：寄托困厄之身，指作者自己。

⑧ 济川功：修建桥梁，助人渡河之功德，隐喻辅佐朝廷之功。如唐代杜甫《陪李七司马江上观造桥》中"顾我老非题柱客，知君才是济川功"。

译文：

波光荡漾的湖面同天空一样碧蓝，小船在微风中轻快地航行。

傍晚在宽阔的千顷湖面上随波漂荡，月光与摇橹声彼此呼应。

生满芦苇的河旁能找到饮酒处，鸥鹭栖息的苇滩边足以寄托困厄之身。

只有一叶扁舟停在郊野渡口，谁能凭借它求取渡人之功？

北湖·同冯漂庵①

〔明〕王之都

泛泛②冶③湖上，盈盈④镜里身。

波光逐月急，树杪⑤引风频。

对景时敲句⑥，遐思欲就邻。

君方持斧出，不是共舟人。

【注释】

① 北湖·同冯漂庵：选自明天启年所修《新城县志》。北湖，即马踏湖，以其在县邑之北，俗称北湖。王之都，字尔章，号曙峰，明万历乙未年（1595）进士，历官河北沔池，河北宁晋、密云县令，户部主事，开封知府，平凉知府，所至卓有政声。守开封时，汴人曾为立生祠于包孝肃（拯）祠之右以彰其德。冯漂庵，作者友人，生平未详。

② 泛泛：船在水上漂浮。

③ 冶：同"野"，郊外。此处意为冶游，野游，郊游。

④ 盈盈：形容清澈。如春水盈盈，露珠盈盈。

⑤ 杪：树梢。

⑥ 敲句：推敲诗句，对诗文字句反复斟酌。

译文：

与朋友野游乘船游于马踏湖上，湖水清澈仿佛镜子，照出我们的身影。

波光流淌，急急追逐西行的月亮；树梢高高，引来清风频繁地吹拂。

时时推敲文字，以求呈现眼前的美景；遐思悠远，想与此景就近为邻。

你刚刚掌握权柄，授予官职，与我不是同船之人啊。

又·赠耿铨部①

〔明〕王之都

送送②俱南归，行行③怅落晖。

一年行色④尽，千里寄声⑤稀。

吾道弦为直⑥，君心鉴⑦自辉。

锦秋湖畔好，暂尔着荷衣⑧。

【注释】

① 耿铨部：王之都同邑耿庭柏，字惟芬，明万历壬辰年（1592）进士，历官浙江山阴、河南光山县令。辛丑年（1601）调吏部，任考功主事，丁未年（1607）会试，所举才士多名。后任文选郎中，又为多名遭宦官诬陷的官员恢复原职。后升任太常少卿，提督四译馆。因受阉党攻击，乃请告家居，闭门读书，十四年如一日。光宗即位后复出，历任太常少卿、太仆寺卿、都察院右佥都御使，巡抚浙江，卒于任上。耿庭柏当时在吏部，掌铨选官吏，故称耿铨部。

② 送送：送了一程又一程。

③ 行行：不停地前行。

④ 行色：出门远行的神态。

⑤ 寄声：托人传话，互通音信。

⑥ 弦为直：像弓弦一样直，比喻为人正直。《后汉书·五行志》："顺帝之末，京都童谣曰：'直如弦，死道边；曲如钩，反封侯。'"

⑦ 鉴：明镜。

⑧ 荷衣：以荷叶为衣，自屈原"制芰荷以为衣兮，集芙蓉以为裳"后，后世常借"荷衣"以指隐士或隐者的生活。

译文：

送了一程又一程，一起回到南方任职；落日余晖中怅惘地不停前行。

一年的时光，都在行色匆匆中度过；我们相隔千里，音信互通稀少。

我们共同坚守正直之道；阁下心如明镜，闪闪发光（赞颂庭柏在选用人才方面的功绩）。

锦秋湖畔好啊，可乘返乡休假之机，陶醉于马踏湖美景之中，得到自在逍遥。

游北湖（八首）①

〔明〕王象晋

一

高柳孤亭水绕围，横烟秋水满柴扉。

博姑②城外双河③会，闸口湖边远钓归。

菰米④落时蒲叶老，获花开尽蟹螯肥。

昨宵一派霜砧⑤急，愁杀闲云不肯飞。

【注释】

① 游北湖（八首）：选自明天启年所修《新城县志》。王象晋与弟象益、象明及从弟象春同游锦秋湖并多有吟咏，清康熙县志中此诗题作《秋水亭同季木弟泛舟》。

② 博姑：今博兴东北之薄姑城。

③ 双河：时水、郑潢二水，汇聚博姑城外。

④ 菰米：菰，多年生浅水草本植物，生于河边、陂泽，俗称菱白，可作蔬菜；其果实如米，可以作饭。

⑤ 霜砧：寒秋时捣衣的砧声。砧，捣衣石。古时妇女每到寒秋，多忙于拆洗棉衣以备家人冬季御寒，洗时将浸泡过的衣服放至砧石上，以木杵捶打除去脏物，故称捣衣。古代诗歌中常以此意象表达游子、征夫思乡或女子思夫之情。如唐代李商隐《江村题壁》诗中"倾壶真得地，爱日静霜砧"，又如李白《子夜吴歌》诗中"长安一片月，万户捣衣声"。

译文：

高高的柳树伴着孤单一座亭台，湖水环绕周围；柴门前面，雾气弥散，秋水上涨。

博姑城外时水、郑潢两河汇聚，渔人自湖边垂钓悠闲归来。

菰米落时蒲叶也老了，荻花开尽时蟹肉正肥美。

昨夜湖边一片忙碌的捣衣声，几朵闲云似乎也被思念之情感染，忧愁极了，不肯飞走。

四

月挂船头迷野烟，苍黄堤柳雁来天。

谁家砧韵①飘湖上？一派渔歌到枕前。

秋思乍惊风飒飒②，夜深偏怕水溅溅③。

明朝欲了临流兴④，数问阴晴⑤未得眠。

【注释】

① 砧韵：捣衣声的美称。

② 飒飒：风声。屈原《九歌·山鬼》："风飒飒兮木萧萧。"

③ 溅溅：象声词，流水声，如《木兰诗》中"不闻爷娘唤女声，但闻黄河流水鸣溅溅"。水疾流的样子。

④ 临流兴：面对流水的兴致。

⑤ 数问阴晴：因担心明日天气情况，一夜之间多次询问阴晴变化。

译文：

月儿挂在船头，郊野烟霭迷离；河堤之上，柳色青黄，大雁南飞。

飘荡在湖上的是谁家的捣衣声？枕边飘来一阵阵渔歌声。

秋风起，惊扰了满腹秋思；夜深了，偏怕听到溅溅流水声。

明天要实现游湖的夙愿，效仿古人流觞曲水之雅聚；因为担心明日天气情况，一夜之间多次询问阴晴变化，不得成眠。

五

水光已洗西山①雨，树色才新返照晨。

今古烟霞成独笑，江湖风雨任闲人。

鱼吞细荇②津③翻白，鸟过澄波影愈真。

身世浮云堪寄傲④，徜徉⑤此际兴无垠。

【注释】

① 西山：指县西南之长白山。

② 细荇：细小的荇菜。荇菜，水生植物，多生于湖塘中。如《诗经·关雎》中"参差荇菜，左右流之"。

③ 津：唾液，汁液。

④ 寄傲：寄托旷放高傲的情怀。

⑤ 徜徉：徘徊，自由自在地来回走动。

译文：

经过来自西山的一场雨，锦秋湖更加光鲜；映照着晨光，树色越发新鲜。

古往今来一切事物，都会成为过眼云烟，仅供一笑而已；任江湖风雨飘摇、环境恶劣，自做一个闲适之人。

鱼儿吞食细小的荇菜，水面泛起白色水泡；鸟儿掠过澄澈的水波，影子愈加真切。

自己的一生如天上的浮云，自在来去，无所羁绊，足能够寄托旷放高傲的情怀，我自由自在地在这湖光山色中徜徉，逸兴遄飞，无边无际。

六

此湖昔日游坡老①，绿锦霜秋②写此图。

烟水那能分北地③，弦歌④何处不西湖？

朝昏极目⑤人千里，风雨扁舟水一区。

波镜晚来迎白发，相过⑥百遍岂为迂？

【注释】

① 坡老：指宋代大诗人苏轼（号东坡居士）。按旧县志载，宋代苏轼曾经在马踏湖游玩，因其风景可媲美江南而十分喜爱，因此吟诗作赋歌咏之，盖属附会之谈。清初诗人徐夜曾撰《锦秋亭辨》纠正旧志之讹。

② 绿锦霜秋：元代兵部侍郎于钦《题锦秋亭》有"霜风收绿锦，万顷水云

秋"之句。此诗明代邑人多误以为苏轼之作，故有此句。

③分北地：有意离开北方。

④弦歌：依琴瑟而歌咏，也指礼乐教化。

⑤极目：用尽目力远望。

⑥相过：拜访此地。相，动作偏指一方，指马踏湖；过，拜访。

译文：

昔日苏东坡居士曾在马踏湖游玩，于侍郎也曾写下"霜风收绿锦，万顷水云秋"的诗句描绘此湖美景。

烟水苍茫之景不可能为南方所独有，风景秀丽、繁华热闹之地，都可以比作杭州西湖。

朝暮之间，极目远眺，水波浩渺；风雨之中，小船漂浮在湖水之上。

如镜的湖水在傍晚迎来了白发的我；此地风景，即使多次来游访，也不算迂腐啊！

七

邻封①为壑②锦为秋，湖里欢愉湖外愁。
画舫游人歌欲续，蓼花③空屋水深流。
白鱼入网堪为饭，青冢④停舟好对鸥。
沃壤何时生黍稌⑤，箪篓⑥满载变鱼钩。

【注释】

①邻封：临境。

②壑：山沟或大水坑。

③蓼花：一年生或多年生草本植物。花小，白色或浅红色，穗状花序或头状花序。古诗词中常常出现，如冯延巳《芳草渡》中"梧桐落，蓼花秋"，杜荀鹤《舟行即事》中"秋水鹭飞红蓼晚"。

④青冢：在锦秋湖中金刚堰正东，上有清凉寺，为齐高士颜阖故居。

⑤黍稌：庄稼。稌（tú），稻谷。

⑥箪篓：皆竹器名，用来盛粮食。《史记·淳于髡传》："瓯窭满篝，汙邪满车；五谷蕃熟，穰穰满家。"

译文：

湖外相邻之地，因水多为患，而锦秋湖正是好秋景；湖里一片欢愉，而湖外忧愁不堪。

装饰漂亮的画船上游人歌声不断；蓼花开放，空屋寂静，水深流缓。

银鱼捕入网中，可以做美味饭食；船停在颜歜故居前，正对白鸥。

这片肥沃的土壤何时五谷丰登，百姓就可不必以打鱼为生了。

北湖游（八首）

〔明〕王象春①

一

天雨新晴得放舟，水痕一夜没沙洲②。

遥遥苇岸深鸣犬，曲曲杨湾稳聚鸥。

市客初尝菰作饭，湖名不负锦为秋。

爽鸠城③在悲齐景④，幻似浮沤⑤小似瓯⑥。

【注释】

① 王象春（1578—1632），原名王象巽，字季木，号文水，又号虞求，自号山昔湖居士，万历三十八年（1610）进士榜眼。钱谦益评价他"雅负性气，刚肠疾恶，扼腕抵掌，抗论士大夫邪正，党论异同，虽在郎署，咸指目之，以为能人党魁也"。天启五年（1625），遭阉党迫害而削职回籍。抑郁数年，于崇祯五年（1632）病卒。

② 沙洲：江河、湖泊或浅海里由泥沙淤积成的陆地。

③ 爽鸠城：薄姑城，博兴旧城。相传上古少昊时期，爽鸠氏为司寇，封于蒲姑。

④ 齐景：齐景公，春秋时期齐国国君。《史记》记载："齐景公畋于青丘，与晏子游于少海。"少海，即马踏湖。

⑤ 浮沤：水面上的泡沫。因其易生易灭，常比喻变化无常的世事和短暂的生命。如唐代李远《题僧院》诗中"百年如过鸟，万事尽浮沤"。

⑥ 瓯：小盆、杯子等盆盂类瓦器。《说文》："瓯，小盆也。"小似瓯，从大的宇宙的方面看，这阔大的北湖不过是一只小小的茶盅而已。

三

湖纳百川海纳湖，桑扶①日日浴灵乌②。

向洋已可开愁臆③，漱洁④兼思⑤醒病肤⑥。

月夜惜抛鲛室泪⑦，雨朝拟铸水心炉⑧。

秦台⑨寂寞东游事，闲杀寒潭不结蒲。

【注释】

① 桑扶：即扶桑，神话中的树名。传说日出于扶桑之下，拂其树杪而升，因谓为日出处。亦代指太阳。《海内十洲记·带洲》："多生林木，叶如桑。又有椹，树长者二千丈，大二千余围。树两两同根偶生，更相依倚，是以名为扶桑也。"《楚辞·九歌·东君》："暾将出兮东方，照吾槛兮扶桑。"

② 灵乌：即金乌，又叫三足乌。相传太阳中有三足乌，故称日为金乌。唐杨炯《浑天赋》："天鸡晓唱，灵乌昼踆。"

③ 愁臆：胸中的愁绪。臆，胸。

④ 漱洁：洗涤；

⑤ 兼思：多方位思考；

⑥ 病肤：看问题流于肤浅之弊病。

⑦ 鲛室泪：即鲛人泪。鲛人，中国古代神话传说中鱼尾人身的神秘生物，善于纺织，可以织出入水不湿的龙绡，且滴泪成珍珠。干宝的《搜神记》中记载："南海之外有鲛人，水居如鱼，不废织绩。其眼泣则能出珠。"唐代诗人李商隐的《锦瑟》中"沧海月明珠有泪"便引用了鲛人的传说。

⑧ 水心炉：水心剑，传说中的宝剑名。《荆楚岁时记》引南朝梁吴均《续齐谐记》："秦昭王三月上巳置酒河曲，有金人自东而出，奉水心剑曰：'令君制有西夏。'乃秦霸诸侯，乃因其处立为曲水祠，二汉相沿，皆成盛集。"此句大意为：雨中清晨，思绪驰骋，打算在仙炉中铸出水心剑。

⑨ 秦台：《三齐略记》记载："富城东南有蒲台。秦始皇东游海上，于台下萦蒲系马，至今每岁蒲生，萦委若有系状，似水杨，可以为箭。今东去海三十里。"另有说法，徐福率数千童男童女渡海寻仙，秦始皇焦急难耐，亲巡渤海，令士卒于一夜之间取土筑台，自己登高望海，盼望早一些看到徐福的归帆，此高台便是秦台。

八

谁从海若①网珊瑚？更向羽山②貌垒茶③。

东渡嗟同五技鼠，北方诧有四腮鲈。

主人田氏仍姜氏，遗俗徐吾兼李吾。

安得④周官⑤问泽薮⑥，且教重定九州图。

【注释】

① 海若：古代中国传说中北海的海神。《庄子·秋水》："于是焉河伯始旋其面目，望洋向若而叹。"《外篇·秋水》："北海若曰：'井蛙不可以语于海者，拘于虚也；夏虫不可以语于冰者，笃于时也。'"

② 羽山：山名，传说中舜于此山杀了大禹的父亲鲧。《书·舜典》："殛鲧于羽山。"

③ 垒茶：神茶、郁垒二神的合称。汉·蔡邕《独断·卷上》："海中有度朔之山，上有桃木，蟠屈三千里。卑枝东北有鬼门，万鬼所出入也。神茶与郁垒二神居其门，主阅领诸鬼。其恶害之鬼，执以苇索，食虎。故十二月岁竟，常以先腊之夜逐除之也。乃画茶垒，并悬苇索于门户以御凶也。"后人画神茶、郁垒像贴于门户，也就是门神。貌，描摹，画像。

④ 安得：怎么才能得到，哪里能够得到。

⑤ 周官：《尚书·周书》的篇名。"成王既黜殷命，灭淮夷，还归在丰，作《周官》。"记载周朝设官分职和用人之法。

⑥ 泽薮：大泽。泽，水积聚的地方。薮，湖泽的通称，也指水少而草木茂盛的湖泽。

北湖游记

〔明〕王象春

忆辛亥九月，曾一泛舟。自吕埠遵郑潢沟之委流而东，及暮，止届诸葛庄。东望华沟，邈在天末。询之黄头，云此湖如葫芦，今所到者，自领及项，去中膈与其阔腹尚远，盖指马踏、会城言耳。今秋欲了前志，蹉跎未果。适归自长白，日已晏，闻思止兄偕诸弟侄已先舣舟巩桥，待余始发。巩去邑东四十里，正欲顺湖之南岸，直当其阔腹处，乃北入也。次日，余急驰追诸人。出门，云如笠笼头上。甫二三里，大澍，马行泥淖如拜。余私祝雨师，定不负此湖。俄而雨减，迨暮抵巩桥，见诸人尚危坐，听霖铃声，虑不得发舟。余笑曰："迟余至，始霁耳。"及天明，果大光霁。两倅急起戒舟，思止又申之曰："携糇无噎，楫缆维利；仆无哗，指顾无乱。"约既定，乃遵时水而下。两岸柳相绾斗如长廊，枝柳时时扫拂肩背，亦颇碍舟。惟龙湾漕最阔，水旋转如砲。俗传湖中往往龙挂，雷雨飞散，还窟于此。孙楼、夏庄俱在西岸，牟庄在东岸。牟之东北有古城浮拍水面，汉元帝封李谭之延乡城也。至今犹呼"会城"者，盖仍似桓公之盟云。《水经》谓此城为古平州，《春秋·宣元年》："公会齐侯于平州"是也。龙湾南，水底有石闸，篙触之洞洞然，是赵尹所凿内渠。欲通舟孝妇、小清以西达济南者。其后赵去，竟废。

北行二十里许，始西转入湖。北视博姑城才十里，舟高于墉数尺。城之南门有亭翼然，点苍曰"锦秋亭"。元中统间邑人所建，盖取坡老诗命名。坡老昔尝过此，爱其风景绝类江南，赋诗云："霜风收绿锦，万顷水云秋。海气朝成市，山光晚对楼。舟车通北阙，图画入南州。且食鲈鱼美，吾盟在白鸥。"又云："鲈虽小，亦四腮，不减松江，亦多蓴菜，土人皆不识，目鲈为矛云。"舟西行六七里，是荷菱最盛处，环合数百顷，下不见水。水花种类繁多，都有清馥，不但莲香已。采莲惟取白蕌，其深红、浅粉者，便委弃狼藉。渔人诧见游客，竞献鲜美。给以钱，摇首不顾。从索鲈鱼，曰无之；索矛，则柳穿荷裹，不可胜用。就烹，味迥异诸鱼，信足为张季鹰抛一官也。其羽禽有骨顶红鹤、淘河等鸟；其水菜有所谓慈菇者，即菇米，恐不堪作饭；蓴菜被盖水面。出此，则湖之腹脐，水渊澄，下视数丈不见底，鱼游镜中可数，渔人指为湖囊。西南长白，东南则愚公诸山，簇簇蠹蠹，直走水中，波稍撼击，吞峰峦如浴螺。相顾喜曰："洗山浴卉，信宿雨于我辈不薄哉！"

舟行静水，较河港稍驶，望青冢、华沟，宛在西南，水荡屋树如荠。其北即鹅鸭城，是慕容燕养畜之地，阴雨犹闻鸣聒，理或然。及暮始抵华沟，古鲁连坡也。邑人太守宋锐与方伯李延寿奋迹于此，今但存破屋数椽，足晒鱼网耳。思止又卜筑吟咏其上，题曰"鲁连遗清"。有宋光显者，老渔也，见余舟谓曰："此去诸葛庄尚十里，须渔艇加桨乃可。"折而南，余速易舟。方鼓棹，而月已可中，下照菰蒲蘋蓼，历历如画。诸人长啸浩歌，余亦击榜而和之曰："月巫清兮龙窟寒，洇白露兮惜朱颜。"歌声未竟，遥闻马嘶，已届南岸。庄西水湄，有庙祀诸葛孔明，孔明步齐门歌《梁父》时或寓此，想在未卧隆中以前耶？西南数里，则辕固镇，固墓在焉。是夜宿于南寨，是为甲寅之七月十三日。

同游者为思止象艮、又指象益二兄，吉甫象明弟，与亮、与能、与才诸侄。

【赏析】

王象春此行沿时水（即乌河）北行，在作者笔下，乌河两岸垂柳依依，相连成一条绿色长廊，时时扫拂人的肩背。到了鱼龙湾，水旋转似磨，沿东岸牟庄往东北望，有古城（会城）浮拍水面。湖中"水花种类繁多，都有清馥"。到了"湖之腹脐"，"水渊澄，下视数丈不见底，鱼游镜中可数，渔人指为湖囊。西南长白，东南则愚公诸山，簇簇蠢蠢，直走水中，波稍撼击，吞峰峦如浴螺"。舟行水上，树倒映水中，小如荠菜。后来月亮升起，"下照菰蒲蘋蓼，历历如画"。游人兴致高涨，长啸浩歌，王象春亦击榜而和之曰："月巫清兮龙窟寒，洇白露兮惜朱颜。"这让人想起苏轼游赤壁的情景。

这篇文章写于万历四十二年（1614），语言极富感情，为我们呈现了400多年前马踏湖迷人的景色。那时的湖水充满野趣，有一种迷幻般的魅力，连湖上老渔人，也像羲皇时人，淳朴得动人。

（赏析出自《文化淄博·齐韵水乡马踏湖》）

北湖游别记

〔明〕王象春

湖心有土，名青冢。在金刚堰正东，上有清凉寺，又为齐高士颜蠋故居，今俱废。周环数百余步，水暴溢亦不能没，但时如马、如象耳。人谓随水浮沉，恐涉诞。《传》载：齐景公有马千驷，畋于青丘，与晏子游于少海。按《齐乘》："青丘在清水泊"，则青冢之为青丘无疑。今会城泊亦称少海。《子虚赋》云："秋田于青丘，彷徨乎海外，吞若云梦者八九于胸中。"殆谓此也。注乃云："青丘为海外山名，出九尾狐。"此丘一抔土平，九尾安所掉哉！且桓公牧马台，本齐之千乘别城也，驾其千驷田青丘，于理近似。或谓此丘地小，不称其名，不见天齐以之名国耶？

自伪齐刘豫填鹊湖，塞泺水入大清之路，湖中始断舟楫，然在前元，犹可达济南。元人于侍郎钦，常自济南华不注山下经小清而东，入北湖折而南入时水，至索镇舍舟，以归益都。今泺水复入大清，而此湖所受之小清，乃章丘之漯河耳。索镇即故西安城，乌河则时水也，一名淄，"襄三年，齐晋盟于淄"是也，湖水仰给此河者居多。《水经》谓："时水自西安城南石羊堰分为二支，其一北入湖，其一西北合黄山之德会水，至梁邹入小济。旱则枯竭，所谓'乾时'也。庄九年，公及齐侯战于乾时。今又名乌河。"呜呼！此水视杭之西湖与燕之裂帛，宏阔不啻倍之。幸处僻寂，名不闻于四方，非犹奇穷幽者不至，鱼鸟草木乃得全其种而终其天，亦湖之老而休逸时哉！虽然，湖之阅人多矣，姜齐、田齐、南燕、伪齐，俱尝以之濡马吻矣！乐喧乐寂，唯凭夷自知之。

二、当代马踏湖诗文

别样的四季

逯志山

"几家茅屋在湖傍，屋畔疏枝系钓航"（王象艮《同王补之益明二弟泛锦秋湖宿华沟水庄二首》），进入湖区，最常见的人家景象，就是家家户户门前停着"溜子"，掩映在柳丝中，倒映在水光里。

当春天来临，马踏湖畔柳枝变得柔软光滑，在一个静寂的夜晚，卧听冰湖，从湖心深处传来冰层开裂之声，这意味着冬天过去了，湖冰要消融了。

马踏湖区迎来首个繁忙时节，几乎所有荷塘的池泥已翻整耙平，浅水浸漫，开始植栽藕秧。

从码头的场院里，也传来了打排斧捻溜子声响。入冬时，湖区人家就把自家的小船沉没在湖水中，以防隆冬时节冻胀劈裂了舟体。到了春天，小船被拖上岸，进行整修。湖区人便把这个整修的过程，称为"捻溜子"。

夏风吹过，临湖的人家便终日被荷香熏染着。男人们在光天化日之下，扒光了裤褂，浑身上下赤条条的，挥舞着瓦锨，挖渠疏沟，整合台田。晒了一夏季，男人们如同犍牛般的身躯，从头到脚皮色无深浅，一抹的黝黑透亮，滑溜得像青鳝泥鳅。女人们则三五成帮地凑在湖畔的柳荫下，有的织芦席，有的编蒲扇蒲鞋，有的剪鞋帮、纳鞋底。孩子们在湖里扑腾累了，钻到苇地旮旯里搜寻鹌鹑蛋。

俗语说：家有蒲编手，强过攒钱斗。蒲草的叶面细长、韧性好、拉力强、耐磨、耐压，还具有蓬松保温的特点，经编、扎、缝、剪、漂、染、煮、熏及防腐等工艺处理，可编织靴鞋、扇、垫、篮、坐墩、蒲团、蒲席等用品及多类工艺品。以细腻、精巧、朴实、古色古香而被人们喜爱。

春夏时节，放鸭是湖区一项平常事。雏鸭长到二十来天后，就往湖湾里一轰，任它们自己各凭本事能耐去打寻吃食儿。主人家仅在傍晚时分，吆喊驱赶着鸭群上岸归家。大多数情况下，鸭子熟悉门户，日落时，一听到主人的召唤声，就分别从芦蒲丛里、荷叶底下游至岸边，一只尾随着一只，自觉顺序列成"一"字形队伍，挺直着脖根，扭动着屁股，宽厚的蹼足有节奏地拍打着水面发出"噗噗"的声响，"呱呱"应答着走上岸来。也有专门放鸭的人，披蓑戴笠，耍着长篙，撑着小"鸭溜"（放鸭的小船），赶着一大群鸭子串游在湖荡船道中，鸭群拐了弯儿，小船也转了向，这成为马踏湖中的一道寻常见惯的风景。

夏末秋初，湖区人在藕塘里忙着"拿藕窜鞭"，把那些跑偏方向的"藕窜"，调向池内长。采莲的舟船就漂荡在荷丛中。

秋季里的盛事，要数农历七月十五这天放荷灯，人们制作出各式各样的荷灯，划着轻舟聚集到湖中去燃放，以此感谢卧莲观音、救命菩萨赐下了一个风调雨顺的好年景。

立冬之后，湖区百姓开始收割苇子。对于湖区人来说，这是一项大事。开割前，先祭天祭地祭镰。年年立冬之日的半夜时分，湖沿上就聚起了准备入湖收割芦苇的人群，大家穿着生牛皮缝制成的能抵抗苇茬刺扎的"腿子""脚子"，只待约定的时辰一到，大钟铛铛敲响，鸟枪排空鸣放，紧张的"苇秋"开始了。此时家无闲丁，户无歇妇，街无游汉，男女老幼齐上阵，收割，打捆，搬扛，运输，码垛，抽选，忙得不亦乐乎。收割后的苇子，在阔大的场院里，一捆捆交叉斜立成"人"字形，一排排，一列列，阵势极壮观。

在漫长的自然经济年代里，被当地人称作"朝天草"的芦苇是马踏湖人日常生活中的必需品和维系生计的重要财源。芦苇的歉或丰，决定着湖民百姓家道年景的贫困或富足。湖区的天然芦苇荡达数万亩，所产芦苇峻拔修直，质地坚韧，耐腐性极佳。矮细的草苇可用来编帘；又高又粗的大苇破成篾子，可以编织炕席、囤苫、粮筐、抬篮、鸭笼、筛垫、锅盖片、各类渔具、笩篱、筷笼、蛐蛐房等器物；个头介于大苇和草苇间的次苇可用来织箔。苇絮也可以排成厚厚的毛花苫子，用作桓台特色蔬菜四色韭黄和实茎芹菜安全越冬的暖被。

冬闲时节，湖区人就顶着凛冽的寒风来到湖滩里拾柴火，大小不一、形状各异的苇柴垛，遍布在湖区人家的不同角落里，成为过去漫长岁月的独特景观。

每年进了腊月，湖区的大小藕池就热闹了起来。人们用大铁镩破开厚厚的冰层，穿上用牛皮缝制的隔水护衣，下到藕池里，采挖准备过大年的莲藕。把荷叶煮得湿软了，厚厚实实地铺裹在专用的大苇席包里，将已采挖上岸的莲藕满满排垛进去，封严裹实以防冻坏，装满了车船，直运向济南、潍坊和博山的街市年集上。

湖区的水道，冬天成了冰封的胡同或街巷，在孤岛似的台面上的茅屋，瞅上去就像是蹲窝着晒太阳的憨实汉子。茅屋通常是就地取材，打坯盖房。这里的土坯用黑色的湖泥构成，掺杂着好多枣核般大小的湖螺壳，密绕着柔软如丝且耐腐力极强的芦苇根须，还浓浸着多种湖生动植物分泌的黏液和胶浆排放物，所以在晾晒的过程中，即使遭逢了连阴雨，也仅是通体生一层厚厚的绿醭，却不至于松散开裂、变形走样。等到晒干后，坯体光滑洁净，甚至还显着鸭蛋壳般的浅青色，如若经了明晃晃的日头映照，那星星点点裸露于坯体表面的泛白螺壳，通常会反射出柔柔的晶光。这泥坯，还出人意料的轻，且不易吸潮，不怕雨淋水浸，任取一块抛入湖水之中，只见顺势扎一个猛子，然后就显露着大半截身量，晃晃悠悠漂浮于水面，而决不至于下沉。茅屋的檩排之上，匀铺几层密实的苇箔，待涂抹上一层湖泥后，再用铡截整齐的茅苇厚厚地囤顶。茅屋简陋，质量却极佳，能抵御强劲的湖风，可保十数年不渗不漏。房内用特制泥坯盘成的通炕，与做饭的灶贯通，苇柴茅草可着烧，整盘炕便被烘成一个阔大的暖气包。数九寒天，怕冷的人们围坐于这透着湖区特质泥土气息的暖气包上，日子便觉得舒坦。

湖水结冰后，俨然一面琉璃玉镜。渔民们拿着工具，砸开一个冰窟窿，放进一个抄网去，当鱼虾纷纷涌来呼吸新鲜空气时，就被一兜子抄了上来；或者把鱼叉掷下去，也每每有收获。

对于湖区人来说，打鱼是一项日常生活，并不限于冬季。徐夜有《锦秋湖渔父词》诗云："竹笠蓑衣共一船，载将明月入湖烟。侬家不解耘耘苦，手把鱼叉即是钱。"

湖民在湖中捕鱼，除了使用鱼叉、渔网、钓钩、鱼罩、"鱼漫篮"等工具，还常采用摆迷魂阵、下苇笭、围大箔圈子等方式，还会采用灯诱、涸鱼等方式。也有人养着鱼鹰，主人"无为而治"，让鱼鹰帮着逮鱼。当朝阳初升，马踏湖上还笼着一层薄薄的轻雾，一艘小船解开缆绳，缓缓驶向湖中，船舷上，整齐地站着两排鱼鹰，它们的脖子上套着个稻草编成的圈，稻草圈的大小，既不影响鱼鹰的呼吸，又能有效地阻止它们把鱼儿吞进腹中。当到达既定水域，主人一声令下，鱼鹰们相继跃入湖中，湖面上荡漾起一圈圈的涟漪。过了一阵子，一只只鱼鹰从水中钻出来，嘴里各叼着一条还在挣扎的鱼……

想起了马踏湖

武文功

马踏湖位于淄博市桓台县北部，为山东省七大自然风景名胜区之一，面积100平方千米，碧水环绕，景色宜人，是鲁中平原上的一颗明珠。

马踏湖古称少海，又名官湖，因其碧水连天、风光无限，为历代达官贵人所向往，文人墨客多会于此。宋代诗人苏东坡曾泛舟湖上，留下了脍炙人口的名篇："贪看翠盖拥红妆，不觉湖边一夜霜。卷却天机云锦段，从教匹练写秋光。"

马踏湖湖内港港汊汊，碧水滢滢，2100多条渠道交织成网，四通八达，全长400多千米。湖区27个自然村落，村村靠湖，家家连水，户户通船，门前搭起小桥，院后泊着小船，小桥流水人家，如诗如画。湖面上绿水浮鸭，翠柳摇风，港汊迷离。驾船巡游，风趣天然。真是"苇堵渠尽疑无路，竹篙一点又一天。只闻笑语不见人，蒲苇深处有人烟"。

马踏湖景色随季节转换变化不定，各有情趣。阳春时节，薄冰融化，苇蒲萌生，柳丝初绽，碧波蓝天，笑语欢歌，一派勃勃生机。盛夏，雨过水涨，鸭戏鸟鸣，苇蒲滴翠，莲叶接天，荷花映日，爽心宜人。当乌云聚至，急雷闪电，龙挂吸水，四处茫茫，天水相连，烟雨凄迷，人在台田小屋中，听哗哗流水，看风雨如烟，堤柳摆拂，芦苇弯腰，又是一番奇异的情趣。金秋，是湖上的丰收季节，苇花笼云，稻花飘香，那欢蹦跳跃的鱼虾，那洁白的莲藕，小船如织，载歌载语，一片繁忙和喜悦。冬季的湖上，苇蒲收割，视野开阔；荡漾的碧波，凝成一片冰雪；条条河道变成了条条滑道，孩子们在冰上嬉玩，猎手们肩扛猎枪，湖中搜寻；渔翁手持斧凿，肩扛鱼叉，捕捉鱼蟹。

马踏湖景色迷人，物产丰富。湖中盛产藕、莲、蒲、苇和鹅、鸭、鱼、虾、蟹，以及各种可吃的野生食物。湖区人用湖内的物产能做出百多种菜肴，且四季各不相同。春天的醋泅小鱼，香酥可口，野鸭焖藕，风味独特。金丝鸭蛋是湖中特产，将其腌制蒸熟，可见蛋青、蛋黄层叠，青黄相交之处，有丝状蛋黄油圈隔，灿然若金，蛋白香而不腻，肉质沙，不噎喉。夏天的白莲藕脆甜无渣，鸡靠麦黄鳖，味道鲜香，又多营养。秋天，毛蟹包子别有风味，还可做毛蟹汤，鲜美异常。冬天的溜黑鱼片、黄焖鲤鱼食之难忘。如若游湖，不食这里的水鲜，实乃遗憾。

马踏湖中还存有许多古迹名胜，鲁仲连故居、青冢、五贤祠、东坡亭等又为马踏湖增添了许多神奇的色彩。马踏湖已被辟为山东省重点旅游区。随着对湖区的开发，马踏湖将会变得更加秀美，成为旅游园地中一枝独具特色的奇葩。

想起了马踏湖

赵大年

看过获金熊奖的电影《香魂女》，那北方水乡的景色立刻把我迷住了。外景地是哪儿呢？有人说是白洋淀，也有人说是马踏湖。我宁愿相信是马踏湖。

走出影院还有人在争论。更有抹稀泥的说："别争啦，电影嘛，在哪儿拍不行呢，也许两个地方的景致都拍了一点儿。"这话不无道理。但我仍然觉得那河网、芦苇、小船、人家，就是马踏湖——它给我留下的印象太深了。

十多年前，我随环保局的朋友去游湖，刚上船就嚷：这么美的地方，怎么还不开辟旅游业？不拍电影？不扩大宣传？不引进外资？怎么还不发大财呢？

这一连串的惊讶和疑问都产生在初进湖时。待到天黑时，在镇子的小馆儿里吃罢晚饭，我的心情又变得十分沉重，一言不发。回到北京，写篇散文给《人民日报》，称马踏湖为"东方威尼斯"，希望各界全力抢救。发表后也毫无影响。

马踏湖在山东桓台县。叫湖，其实是由2100多条宽窄不同的河道纵横交织而成的水网地带。宽约30里，纵深16里。河网"切割"出无数块台田，种满了两三丈高的芦苇，伸向天空，伸向河面。夏秋时节乘飞机俯视，大概只能看到一片郁郁葱葱的芦苇，而不见河网。如果我没记错的话，马踏湖是一个乡，7000户居民，50000人口。除了小镇之外，多数人家就分散住在台田之上。家家都有小木船，以舟代步。还有一些大点的水泥（壳）船，用来运货，包括运送农业生产资料和产量很大的芦苇。总之，没有船就离不开他家那块小小的台田。

传说战国时期齐桓公大会诸侯，布方阵操练兵马，那战车马队反复踩踏出来的条条沟壑"熬"成了河。民谣中"千年的道儿熬成河，百年的媳妇熬成婆"，就是这样"熬"成的吧。于是乎有了马踏湖的名字。

马踏湖有三宝：芦苇、编席、搭棚，还是上好的造纸原料，运远一点，两毛钱一根；脆藕，用手一拍就碎，是贡品；金丝鸭蛋，湖鸭有吃不尽的鱼虾，这鸭蛋腌了，蛋黄好比金线缠成的球。可惜呀，三宝已失其二。

"一个造纸厂就污染一条河"。乡镇企业如雨后春笋般兴起，上游百多家工厂的废水泄入了马踏湖！莲藕含毒，鱼虾绝迹，遑论金丝鸭蛋！环保局长请来150位"排污厂长"，湖水沏茶，含着泪说："恳求诸位无论如何喝一口。实在咽不下去也要尝尝，再吐掉嘛。别怕，湖区几万居民天天饮用这种水！"

从那时起，开始大力治理"三废"。待到环保局的朋友领我游湖时，已初见成效，湖里又有鱼了。在镇子上小饭店里的那顿晚餐，他们故意上了几条鱼。说实话，我是硬着头皮才尝一口的。

今天又在影片《香魂女》中见到了美丽的马踏湖，清清河水，粉红莲花。我还很注意地看到了鱼鹰，喜宴上的红烧鱼，供人游乐的画舫。

我没去过威尼斯，只在电影里"游览"过。我到过号称"东方威尼斯"的泰国水上市场，旅游胜地，很繁华。若就自然条件而言，马踏湖的景色更美，范围更大，更有资格称为"东方威尼斯"。一部电影的威力胜过百篇散文，一部《少林寺》繁荣了一个旅游区，但愿《香魂女》为马踏湖扬名！我写此文敲敲边鼓。

邂逅马踏湖

王月鹏

不曾想过，齐国故地居然藏了这样一片安静从容的水。

第一次去那里，完全是因了友人的安排，事先没有丝毫了解，也不存在任何企盼，感觉自己仅仅是在走向一个平常的所在。甚至，当友人在路上介绍它古时曾被称为"少海"的时候，作为一个久居海边的人，我却有些不以为然。这般心态，很快就被闯到眼前的景象湮没。我看到了水，看到了大片大片的芦苇荡。水漾漾的，像一条淡绿飘带，被密密的芦苇抚摸着，轻柔而又有灵性，安静但不呆滞。水波泛起，芦苇们迎风起舞。居住海边的日子，一直感觉自己像一滴水；而在这里，我更向往的是成为水中的一株芦苇。一次次想到那个叫梭罗的人，想到他笔下的美丽的瓦尔登湖，想到干脆把自己从此留下来，什么也不要带来，什么也不想带走，只是就这样一个人留下来，留在这水这苇丛之中。

她有一个响脆的名字：马踏湖。相传春秋战国时期，齐桓公经过南征北战，最终击败各国诸侯。一日，他在桓台的起凤镇这一带会盟各国诸侯，众诸侯唯恐落入齐桓公圈套而率大军前来，这片平地被马踏成湖，故名曰"马踏湖"。历史好像在开玩笑一样，曾经的战乱之地，如今成了一个风景秀美的所在。马踏湖与其他湖是不同的。她既不小巧，也不浩渺，近百平方公里的湖区，被纵横交错的沟河分割开来。十几个村落、几万户人家，很随意地嵌在湖边，藏在苇荡与绿树丛中。横七竖八的小船，则悠闲地停在门前或桥下。因了芦苇的存在，这里的水变得含蓄。水与芦苇若即若离地牵着手，在风中遥相呼应。湖民们在这小桥上来来往往，撑着小船探亲访友、生产劳作……

小桥，流水，人家。房在湖边立，船在门前泊，一道道节制的水，还有大片大片无拘的芦苇，构成了画面一样的情景，让人心里忍不住藏了一个激动。

与我们同行的船家是一位朴素的老人。竹篙在岸上轻轻一点，"溜子"便倏地穿出了好远。我们端坐小马扎上，听船家的絮絮叨叨，看水，看着两侧芦苇裸露在水中的根。在这样的时候，可以随便地想些什么，也可以什么都不必去想，所到之处，低头是漾漾的水，抬头是密密的芦苇。船缓缓地行着，这样或那样的心事都渐渐地抛在了船后，沉到了这湖底。此刻的自己，成了一个幸福的存在。

水有些深邃，有些不够清澈。水面平整得像柏油马路。船家说，马踏湖共有两千多条河道，交织成网，蜿蜒成数百里的水路。倘若没有向导引路，游人大多会被搞得晕晕乎乎，不辨东西南北。湖中的水路或长或短，或窄或宽，不管如何地纵横交错，水路之间都是相通的。常常是芦苇挡在了面前，水也行到了尽头，正是无路可去的时候，只需竹篙在水面轻轻一点，眼前可能就出现座座房舍，闯入了别一番境地。

理解马踏湖，从水开始，到水结束。至于无边的芦苇，好似从心底旁逸出的思绪，葳蕤，且充满了灵性，它会跟你娓娓讲述一个又一个关于水的故事。苇花飘散，那是水的纷纭心事。还有亭亭的荷，一段藕节就是一段长长的往事，她们沉默着，她们不肯说出口。

在湖边，我见到了那些久违的农具，它们与我的乳名散发着同样的气息。水磨，石碾，木推车……像一支童年的歌谣，亲切，且让人温暖。在这些农具的旁边，湖民正紧张地劳作着。一个老人正在纺纱，一种简单而又机械的劳动。我看到了她的皱纹，看到了她安详的神态。在石碾旁，年轻的母亲正与年幼的孩子在推磨。石碾声声，声声都响在了我的心头。那是关于童年的乡村记忆。

不必这样或者那样的文化阐释，马踏湖仅仅是作为自然形态的景色，已经足够。

马踏湖的春天

徐 飘

春天，马踏湖散发出湿润而温暖的气息。小雨在夜里落下，雾气在早上升起。

不知道从什么时候开始，湖边的那些柳树长出嫩嫩的叶子，远远望去，是一层绒绒的绿意，近了细细瞧，哪里去了？让人想起"草色遥看近却无"的意境。春寒料峭，俯瞰整个湖区，一片苍茫，除了垂柳竟然再找不到一丝春意。

湖畔有几株桃树，早春里粉艳艳的花在湖边飘洒了一层，仿佛是湖里的仙子吹出来的泡泡。看到桃花，脑子里便开始搜寻有关桃花的诗句，风吹过来，有花瓣落在肩头，把人的嘴唇都吹裂了，心里的感动也变得干巴巴的。那些桃花是来点缀北方的春天吧，人间的第一缕春风顺着花香溢漫开去，从此拉开了人间四季的序幕。

人间的春天便是一日好过一日，最好看的还是那些芦苇。那些芦苇，像是一个个的小精灵，在某一天夜里偷偷探出头来，羞涩又大胆地伸出手臂。仿佛是一夜之间，那些绿从这一湖一波波出去，成点、成线、成川……

站在芦苇地里，风声穿耳而过，若惊涛骇浪一般，又一波一波地卷上来，忽而又齐齐地退去，枯枯荣荣中带着欣喜。

湖区人叫芦苇——"朝天草"，就知道芦苇好，它的好源于它的寻常。芦苇是湖的魂魄，因为生长着这些可爱的精灵，湖便有了生气。春日里的湖水是极美的，美到无法用语言来形容。

风吹着，肆意又张扬，河岸上的柳树越发翠绿起来，阳光洒下来，湖面波光粼粼，仿佛一层碎碎的金，河底水草葳蕤，远处鸟雀声声，湖不是寂寞的，总有几只鸭子或者鹅在水面上悠哉悠哉地嬉戏。"春来江水绿如蓝"，让人生出宛如在江南的错觉来。

春意越发浓郁起来。湖畔人家有谚语：燕来不过三月三，湖畔茅屋寻旧垒。燕子回湖畔，年年是不曾失信的。

梁间的燕子是什么时候飞来的？在某个午后温暖的阳光里，意外地看到了门外的电线杆上停落了几只燕子，它们随意停在那里，五线谱般的排列。我顿时有了"采菊东篱下，悠然见南山"的欣喜。有两只燕子飞来飞去地在屋檐下忙着筑窝。我就那样看着它们，看着它们用嘴巴衔来点点的泥巴和干草，一点点地忙碌并快乐着。我看得到它们黝黑而又光亮的羽毛和肥硕的身体，还有那如剪刀的尾巴。它们轻巧地划过湖水，裁开河岸上的垂柳，在房前屋后穿梭，为马踏湖带来了诗情画意般的美好。

我记得以前的春天里多风，夜里可以听见河里的冰融化的声响。早晨起来，看到蓝蓝的天空中，白云被撕扯成各种形状，天空觉得一日比一日高，仿佛天也会长大长高。那时，最盼望清明，孩子们在这天脱下臃肿的棉衣棉裤，换上单衣，秋千打得老高，人轻得仿佛要飘到半空中了，弓着身子挺着胸，红扑扑的脸被汗水浸湿。

灰喜鹊喳喳着从头顶上飞过，去年在杨树上的巢虽然破旧，却被太阳照得暖暖的。此时的杨树已经长出小小的叶子。

屋后的公园里有几株丁香，细细碎碎的花瓣含苞待放，是梦幻般的紫色。看到那些丁香会不由自主地想起戴望舒的《雨巷》，一个丁香一样，结着愁怨的姑娘，那么浪漫的诗，又有这么真切的景，在细雨霏霏的时候，撑一把花伞，沿着青石小路走一圈。

去年的残荷梗依然在湖里枯着，看上去灰沉沉的。别急呀！那些荷叶正可着劲儿地长呢，不信你仔细瞧，总能在那些枯萎的荷梗里发现一丝绿，像人老了悟到了新的禅机，不久会开出灿烂的花。

马踏湖的春天，是美的，美到无法言说。人在湖上走一圈，便似入了一幅水墨画里的仙境，湖的韵味要细细品味才不枉春日里来湖上走一遭。

蒲草鞋

巩本勇

天气越来越冷，脚都有点凉，使我想起了被遗忘多年的蒲草鞋。一个冬天，有一双蒲草鞋就够了。蒲草鞋是用已成熟的干蒲草编制成的，因为它价格便宜，穿着方便，御寒性能好，因此在20世纪很受人们喜爱。

蒲草在马踏湖多了去了。夏日的马踏湖，蒲草葱茏蓊郁，纤瘦高展，随风舞动，像一片浓缩的绿海，弥漫着清香。蒲草是多年生草本植物，广泛生长在湖泊、河流、池塘浅水处，其假茎白嫩部分（即蒲菜）和地下匍匐茎尖端的幼嫩部分（即草芽）可以食用，味道清爽可口；老熟的匍匐茎和短缩茎可以煮食或做饲料；雄花花粉俗称"蒲黄"，具有药用和滋补功能。蒲草还是重要的造纸和人造棉的原料。

深秋时节，蒲草成熟了。蒲草的叶面长，韧性好，拉力强，耐磨、耐压、保温，不但用来编织蒲草鞋，还用来编织蒲草席、蒲草扇、蒲草垫、蒲草篮、蒲草墩等用品。关于马踏湖区一带用蒲草编织蒲草鞋的历史无从考证，打我记事起，冬天就穿母亲编织的蒲草鞋。

编织蒲草鞋需要鞋楦子，好比铸造用的模具。鞋楦子是根据脚的大小尺寸，由当地的木匠用木头做成的，木楦得花钱买。有的人家为了省钱，就用黄土做原料，做个泥楦，用火烘干，编织蒲草鞋一样地使用。

"家有蒲编手，强过攒钱斗"。母亲最拿手的就是编织蒲草鞋，她没事就坐在小板凳上，拿着沾湿的蒲草，双手拧啊拧，一会儿工夫，一双草鞋就编出来了。她还把蒲草染成各种颜色，鞋的花样不断翻新，拿到集市上去卖，以贴补家用。我和弟弟、妹妹也非常喜欢，争抢着颜色多的穿。

蒲草鞋不怕潮湿，走在雪地上也不滑。那时候，我们小孩子放了寒假，基本上窝在家里，穿上母亲亲手做的蒲草鞋，小脚丫在里面可暖和了。蒲草鞋是我少时美好的记忆，它陪伴我度过了一个又一个漫长的严冬。

记不清蒲草里挤出了多少泪水。现在，有时候碰上冰冻的天气，冻了脚晚上痒痒的睡不着，就特别怀念母亲做的蒲草鞋。如今，母亲年事已高，已做不了蒲草鞋。但是，我还有一双，不过已有六年多了，总舍不得穿。我把它珍藏在家里，也珍藏在心里。

马踏湖之冬
城南苏苏

夏日里粉红的荷花，漫漫的荷叶，无边无际的荡荡芦苇，常引起人们对马踏湖的怀想。其实马踏湖最意味深长的季节是冬天。

马踏湖的冬天是整装待发的小船。

冬至前后，就是抢收芦苇的时候了，各家准备了最快的镰刀，大有"磨镰霍霍向芦苇"的气势。就像临战的准备，紧张而又有序。割芦苇是要下大力气的，要带好饭好菜。等到晨光渐露，稍能看见人影，人们就坐上小船出发了。穿的是最耐磨耐脏的衣服，脚用白布缠了，外面套上牛皮做的"脚子"或"腿子"，防备着那锐利的苇茬。

这情形，常让我想起战争年代，活跃在芦苇丛中打日本鬼子的游击队。当一只小船轻快地驶向密密的芦苇丛中的时候，你分不清这是劳动还是战斗了，啊，战斗般的劳动正是如此！

马踏湖的冬天是味道鲜美的鱼。

湖区人有那么多种做鱼的办法，让人不由得心生惊叹。对于鲜鱼的认识就自马踏湖始，热气腾腾的炖黑鱼端上桌来，夹到口中，立时就像奶油般化了，心中登时明白了"鲜"的含义。

还有种颇受青睐，而我却不敢轻易尝试的"面子椒"，用小鱼、小虾做成，辣乎乎，香喷喷的，冬天吃是最好的了。原来单位的看门老大爷做面子椒是一绝，曾经见到单位领导还有五六个同事一起围着一锅面子椒吃得不亦乐乎。如果有幸听他们边吃边聊，聊到自己小时候吃面子椒的典故，马踏湖人的生活就会在你的头脑中变得骤然生动起来，这里的人也变得可爱了！

马踏湖的冬天是水面上袅袅的水汽。

在严寒的天气里，水边的树木显得特别地挺拔，周围的土地冻得纤尘不起，总有一两棵顽皮的柳树，探着身子观望着自己映在水中的倩影。冬是寒冷的，可是却有一缕缕空灵的水汽从澄清的水面升腾起来，缥缥缈缈的，仿佛给人们受严寒禁锢的心以温暖的希望。

这时候，把眼睛眯起来再睁开，一种很凉很凉的感觉就来自一眨一眨的眼睛，很特别，很惬意……

马踏湖的冬天是那羞涩娇美的新娘。

这里的人们习惯于在冬天完成娶媳妇这样的大事，要是在头几年，你会见到披红挂彩的新娘、新郎骑着高头大马被人群簇拥着，格外的喜庆。你可有见过这里幸福的新娘？行走在冬天里，满身满脸的阳光，让人感觉到春天就是她，她就是春天。或许她趴在桌子上，嘴角上挂着微笑，就像冬日里晒太阳的慵懒的猫。

马踏湖的冬天，把自己的精神敛在平凡而又平凡的生活中，真的走进去，才能真正领略到那些属于马踏湖灵魂的东西，醇厚、热烈、意味深长……

马踏湖放歌（散文诗）

武文功

水

从一份小小的企盼或向往开始，从无数美丽的传说开始，从水开始——

让我们奔向马踏湖！

春秋五霸之首齐桓公的战马似仍在雄浑地嘶鸣着历史，而一代诗宗王渔洋先生诗意的思索是否已化成那朝来暮至的淡淡的薄雾？

马踏湖，你生命之源的水呵，和着泥土做成风景的亮丽：五贤祠、渔洋轩、齐王阁、徐夜书屋……

水是富于智慧的物质。水有高低深浅，水会流动、升腾、起伏。大智若愚、上善若水。水的历史也是生命的历史。

碧绿性灵，马踏湖的水呵，绿得让人心旌摇动、荡漾激情！晶莹剔透、清秀丰盈，犹如一位温柔可人的清纯女孩，将无数瞳孔放大，在大美无言中得到神圣的沐浴。

水做的马踏湖，让一代词人苏东坡留下了"贪看翠盖拥红妆，不觉湖边一夜霜。卷却天机云锦段，从教匹练写秋光"的千古绝唱。

曾经沧海难为水。

马踏湖何尝不是？古时称作少海的马踏湖，无边芦苇无边水，炊烟生处有人家。

水色湖光。在水一方。人间天上。

苇

芦苇正在风中唱歌，那轻轻柔柔的"沙沙"声在我耳畔响彻。

根紧握着水土，叶相触在风里，马踏湖的芦苇们依水布阵，抵挡着世俗和庸俗，让功利之心在大自然中落荒而逃，而纷扰的世事如风，被密密的苇阵揉搓得自在又透明。

碧荷染绿水，芦苇荡清风。

诗兄王维，能否将"竹喧归浣女，莲动下渔舟"的竹字替换成苇字？

马踏湖的芦苇令人感到亲切，更是这被誉为"北国江南"之风景的必不可少的装扮与部分。与别处的芦苇相比，这里的芦苇更为高大且柔韧又挺拔。只知奉献而从不索取，忍受着委屈但决不屈服，风雨过后依旧站得正直——这正是马踏湖芦苇的风格呵！

站着是树，躺下是屋。马踏湖的芦苇，你的知音可是那欲"安得广厦千万

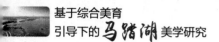
间，大庇天下寒士俱欢颜"的杜工部？

少海无边，天上人间，苇花飘散。

我向往一间有芦苇的房屋。在钢筋混凝土的城市，我向往那比我更优秀的芦苇。

荷

马踏湖举着无数把撑反了的绿伞。

"接天莲叶无穷碧，映日荷花别样红。"

荷长在诗词中，也生机盎然地长在马踏湖。

荷的妹妹是莲吗？在马踏湖上喊一声荷花或莲花，该有多少女子回头应声？

清纯的少女，揣藏着相思和一些心事，洗衣做饭、嫁夫生子，生命就这样在马踏湖延续着。

一个世纪又一个世纪。

一段藕节就是一段长长的往事。那叫作"喳喳雀子"的水鸟早就看穿了荷莲的心思：意中的少年不就是水生吗？阳光在他古铜色的皮肤上闪烁不已。

香远溢清。马踏湖湖水的微笑呵！美得让人心疼的荷花，你似马踏湖曼妙的少女？还是马踏湖曼妙的少女似你？

美丽的开放与温柔的进入。一群鸭子正律动着游向令人神往的那片水域。

风俗中的马踏湖在夏秋之交的晚傍又放起荷灯了，于是湖面被星星点点的手工做的荷灯照得朦胧。

更多的是孩子们的笑声。

一盏小小的荷灯，照耀了谁的童年、青春或乡情？

愿望是一朵荷花，荷花是一朵愿望。

而巨大的祝福在谁的内心珍藏？

舟

"对于我们的眼睛，不是缺少美而是缺少发现。"谁这样说？无处不在的美如同马踏湖无处不在的舟。

一根竹篙就可以撑出一片风景。

"人生在世不称意，明朝散发弄扁舟。"这可是李太白除了酒之外的另一种情之所钟？

一叶扁舟，一处风景。艺术在似与不似之间，而马踏湖的风景该怎样的艺术？摄影、绘画，甚至诗歌吗？而一切形容是多么的单薄乏力。

借助于舟，你在马踏湖会有这样的感受：人在风景中而风景又在人前移动，如画如影、如幻如梦。

唤作"溜子"的扁舟载着马踏湖人家的生活，载满了水上人家的酸甜苦辣、悲欢离合、四季轮回、风霜雨雪、闲情逸致、愁绪欢歌……

划过去是历史，划过来是现在。

而未来永远在探索发现和尝试创新中。

比如未来的你，只要来此握篙一撑，便会远离喧嚣、忧愁、物欲以及纷争。

有为与无为，不为与作为。往事如云烟，可付笑谈中，一叶扁舟，足可承载你情场和仕途的得意与失意、幸与不幸。

水能载舟，亦能覆舟。舟在水上就是马踏湖一道哲理的风景。

马踏湖风韵（组诗）
三 虎

夕阳下

冷风吹动夕阳，铺展黄昏

蒹葭窃窃私语，纤弱如烟如尘

隔岸鸟鸣无形无迹

佳人犹在否？霜色留痕

歌声一直在飘摇，追随于流云

种子飘逸如花，依偎光成为迷离

一滴泪幻化五彩，哽咽着微笑

还有多远的跋涉溯游而上

怎样的辗转反侧在裁剪霓彩霞裳

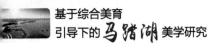
望不穿的夕阳，九曲十八弯的光芒

倒影原来如此温暖，冰寒退避
小舟开始横斜，盛满向往
思念早已无处安放
千年水烟袅袅，缥缈无边无际
冰面安静，和水面一起
闪光

湖在不知其远处盛装
河道蜿蜒行走，携手四季
当春暖花开，春水荡漾
长篙横亘，拥满湖水韵
宛在水中央

芦苇荡

逐水而居，植根于缘来缘去的
一片滩涂。永远盛装，遥望橹声
马蹄声由远及近，惊醒沉睡不醒的鱼

水，自成一界
拥有与一片土地，久远的爱情
一方水土养一方乡愁
所有的语言都发源于泥土
携带着上善之美

幸福一直在生长
根，永不消亡

当阳光和月光盈满

毛发如竹之空了

生命的轮回便开始飘扬

生于水长于水，行走于水

蒹葭荡漾，在水面盛开，端坐和冥想

而永恒的幸福，宛在水中央

如果回望，反光温暖眼眶

走了很远了，一直在原地徘徊

路那么漫长，夜梦漫无边际

乡语乡音突破了物种，浩浩荡荡

走不出的梦里水乡

风雨夜归舟

看见你光洁的额头，在昏黄的灯光下清浅

一只手穿过，倾泻而下的夜晚

期待的腰细了，妆台越来越瘦弱

我正在和上帝对话，心疼他花白的头发

悲悯成雪，落下，穿越季节

你看见夏季的雨涤荡残花

门前的河流也在发福，昂扬直入湖泊

漫漶的悲伤笑了，橹声嘶哑

长大的水，依然托举远处的家

上帝离开，无形无迹，也或许他藏身于每一丝风雨

举起伞蜷缩于船头，不是抵抗，而是沉埋

橹声、蓑衣、船歌都在微笑

笑容透过风雨，直达天外

大水苍茫，距离无限延长

多年之前，灯光下，你额头的光洁

是否被岁月拉长

一朵落花漂过船舷之外

风雨越发深邃，水云之外，灯在闪光

老湾渔事

鱼龙潜于渊，如湾月之静

传说的身躯万年不曾辗转

芦苇之根，早已突入了鳞甲的缝隙

丰茂一如梦境之幽远，无边无际

渔娘的赤足如藕之白踏于船帮

歌声穿透篙声，随风，飘扬于天外

水之精灵突出于水

风情盛开，超越淤泥深远的黑暗

还有，大水无垠，涤荡所有的纯净

华美出于贫瘠，高洁出于污泥

以柔柔一茎托举

这世间最沉重的风物

漫漶于千古的美丽

万亩荷塘如乌云般席卷而来

大军压境

突破岁月的城防

在夜梦中猝不及防，刻骨地铺展

妖娆的柔软，蛙鸣攻陷蹄声的轰鸣

金戈铁马终于淹没于诗意

镜月水花，繁衍一个大千世界

放 歌

无边无际的麦田连接着芦苇荡飘逸的苍茫

黄与绿壁垒森严，相互交织

两个灵魂相互守望，隔岸对视

眸光融合成众水之底的蛙

奋力跃出水面然后跌落

身边是一片无法逾越的距离

是那么深邃，那么神秘

思念，其实是渴望之后的孤独

是静夜无人，辗转反侧的屋顶

那些隐藏在一片白里

变幻无穷的秘密

守护着无数心疼，无数分割胸膛的无形的刀

呐喊也无声，遥望春花秋月，遮挡如水的眸子

守护寂静

心，其实是一所被岁月侵蚀的老房子

它被思念盈满，爆裂了青砖碧瓦之下

或许古老，却永远年轻的、漠视了岁月的廊柱

远处有一条河

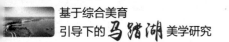

河水尽头蹄声震动，终于

马踏成湖

芦 花

在《诗经》里娉婷，遗世独立

迷离于一片云和水，悲伤漫过头顶

爱一只凋落的蝉蜕

蚯蚓呐喊，泥土失重，漂泊亲吻风

还有踉跄前行的月色，失落了酒杯

鸟离开巢穴，划开虚无

鸣声曲折，塑造完美的弧度

倏忽下落，和自己迎面相撞

轰然有声，血花飞溅

土地越发肥沃，种子依旧漂泊

船和水无关，橹声嘶哑

记得海水很咸，月亮在那边失水

皱纹堆垒，飘来飘去的歌声吸引雷声

河流开始上升，雨水拥抱种子

土地明亮

苍 茫

芦苇是王者，与天空应和

人声永远在远处

幻化芦花

河流成为脉络，连接岁月

鸟鸣一直在彼岸

风声淡漠

阳光可以保鲜，泥土柔和

月色缓缓流淌

村庄隐没

小船轻轻横斜，拒绝漂泊

无数讯息顺河而来

汇入湖泊

亲近土地和水，选择忘却

天光水韵浸染乡音

鱼和莲藕都睡了

最近的距离在长大

抬起头，只看见芦苇

看不见你

（收录的当代马踏湖诗文略有修改）

三、"马踏湖诗文"综合美育活动

春季听水，夏日赏荷，秋天看叶，冬季观雪；马踏湖的美景随四季流转，各有情趣。无数骚人墨客游玩湖区，留下足迹的同时写就了数量颇丰的精彩篇章，成为后人感受湖光盛景的重要途径与宝贵财富。

开展多学科融合的"马踏湖诗文"综合美育活动，包括颂诗文（收集马踏湖相关诗文、举办朗诵诗会），写诗文（创作诗词歌赋），画诗文（手抄报、诗配画等）等相关活动。

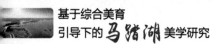

活动一（语文、音乐）：开展马踏湖诗文朗诵会

围绕马踏湖主题，精心组织开展配乐诗歌朗诵会、经典诵读比赛等活动，吟诵与马踏湖有关的名篇佳作，学生在诵读、吟诵经典的过程中感受家乡风物、传承家乡文化血脉、汲取思想精华。通过吟诵经典诗歌的方式，让学生能够更好地了解马踏湖文化与桓台文化，感受家乡文化的独特魅力。

活动二（语文、历史）：开展马踏湖主题征文比赛

利用假期时间以网上查阅、实地游览考察等方式了解、感受马踏湖区的独特风物与历史文化，并写成诗文。假期后各班团支部开展优秀诗文评选，并每班上交团委10篇优秀诗文参加全校"马踏湖征文大赛"评选活动。

活动三（美术、语文）：开展马踏湖主题诗画节

教师给学生介绍马踏湖优美的风光、悠久的历史以及脍炙人口的诗文，在教师的带领与指导下，学生充分发挥想象力，以诗配画的方式，呈现马踏湖的醉人风光。或者教师利用假期，带领学生实地写生，用画笔描绘眼前风景，配以恰当诗词。